EN FACE DE L'EXTÉRIORITÉ

DU MÊME AUTEUR

En deçà du sujet. Du temps dans la philosophie transcendantale allemande, Paris, PUF, 2010.

Réflexion et spéculation. L'idéalisme transcendantal chez Fichte et Schelling, Grenoble, J. Millon, 2009.

Husserl et les fondements de la phénoménologie constructive, Grenoble, J. Millon, 2007.

De l'existence ouverte au monde fini. Heidegger 1925-1930, Paris, Vrin, 2005.

Temps et phénomène. La phénoménologie husserlienne du temps (1893-1918), Hildesheim, Olms, 2004.

La Genèse de l'apparaître. Études phénoménologiques sur le statut de l'intentionnalité, Beauvais, Mémoires des Annales de Phénoménologie, 2004.

BIBLIOTHÈQUE D'HISTOIRE DE LA PHILOSOPHIE

Fondateur : Henri GOUHIER Directeur : Jean-François COURTINE

Alexander SCHNELL

EN FACE DE L'EXTÉRIORITÉ

LEVINAS ET LA QUESTION DE LA SUBJECTIVITÉ

PARIS
LIBRAIRIE PHILOSOPHIQUE J. VRIN
6 place de la Sorbonne, V[e]
2010

Inmprimé en France

ISSN 0249-7980
ISBN 978-2-7116-2323-5

www.vrin.fr

SOMMAIRE

ABRÉVIATIONS

Nous donnons ci-dessous les abréviations utilisées pour désigner les œuvres d'Emmanuel Levinas (énumérées dans l'ordre chronologique de leur rédaction).

TA *Le temps et l'autre*, Paris, PUF, 1991 (Paris, Fata Morgana, 1948)

EE *De l'existence à l'existant*, Paris, Vrin, 2004 (Paris, Revue *Fontaine*, 1947)

EDE *En découvrant l'existence avec Husserl et Heidegger*, Paris, Vrin, 1988 (1re éd. 1949)

TI *Totalité et infini. Essai sur l'extériorité*, Paris, Le livre de poche, 1990 (Den Haag, M. Nijhoff, 1961)

HAH *Humanisme de l'autre homme*, Paris, Le livre de poche, 1996 (Paris, Fata Morgana, 1972)

AE *Autrement qu'être ou au-delà de l'essence*, Paris, Le livre de poche, 2006 (Den Haag, M. Nijhoff, 1974)

DQVI *De Dieu qui vient à l'idée*, Paris, Vrin, 1982

EPP *Éthique comme philosophie première*, Paris, Le livre de poche, 1998

EI *Éthique et infini*, Paris, Le livre de poche, 1992 (Paris, Fayard, 1984)

HS *Hors sujet*, Paris, Le livre de poche, 2006 (Paris, Fata Morgana, 1987)

EN *Entre nous. Essais sur le penser-à-l'autre*, Paris, Grasset, 1991

AT *Altérité et transcendance*, Paris, Le livre de poche, 2010 (Paris, Fata Morgana, 1995)

TrI *Transcendance et intelligibilité*, Genève, Labor et Fides, 1996

À Aurélie

AVANT-PROPOS

Dans l'œuvre de Levinas se croisent trois orientations qui n'avaient pas fait l'objet, avant elle, d'un projet philosophique *commun* : la phénoménologie, la métaphysique (ou la philosophie première[1]) et l'éthique. Chacun de ces termes semble – ou semblait – entrer en contradiction avec les deux autres. La *phénoménologie*, discipline fondamentalement « descriptive », se propose de rompre avec toute *métaphysique*, avec toute prétention de se prononcer sur des « principes premiers » – ce qui n'a pas empêché Husserl, son « père fondateur », de poser les jalons d'une « métaphysique phénoménologique », qui n'a certes plus grand chose à voir avec l'acception traditionnelle de la métaphysique. Et les apports, en matière d'*éthique*, de ce dernier (dont il faut surtout retenir le projet de légitimation d'une « pratique » et d'une « axiologie » *formelles*[2]) restent finalement assez maigres – sans parler du

1. Au sujet de la différence entre « métaphysique », « philosophie première », « théologie » et « ontologie », *cf.* L. Langlois, J.-M. Narbonne (dir.), *La métaphysique : son histoire, sa critique, ses enjeux*, 2 tomes, Québec-Paris, PUL-Vrin, 1999-2000. Nous indiquerons quel sens *Levinas* attribue à chacun de ces termes et comment il se situe, en ce qui les concerne, par rapport à la tradition philosophique occidentale.

2. *Cf.* l'édition française récente des *Leçons sur l'éthique et la théorie de la valeur (1908-1914)*, Paris, PUF, 2009.

fait que Heidegger, deuxième figure majeure de la phénoménologie naissante, n'a jamais élaboré une éthique de manière explicite[1] (et il en fut de même pour les autres représentants majeurs des premières générations[2] de phénoménologues). Enfin, il est inutile de rappeler que, dans toute l'histoire de la philosophie, la « philosophie première » et l'éthique (ou la « morale ») occupent des champs *distincts* – ceux du « théorique » et du « pratique », de ce qui « est » et de ce qui « doit être ».

Or, si, dans le champ extrêmement vaste des recherches phénoménologiques, malgré cette première formulation de réserves sur le plan méthodologique, la « phénoménologie » et la « philosophie première » ne s'excluent évidemment pas – Husserl s'est lui-même proposé, à partir des années 1920, d'élaborer une « phénoménologie transcendantale » en termes de « philosophie première », Heidegger a voulu ancrer la phénoménologie dans une « ontologie fondamentale » avant de chercher à fonder une « métaphysique du *Dasein* » et une « métaphysique du monde » et Fink, éminent disciple de l'un *et* de l'autre, a jeté les bases d'une réflexion sur les « fondements spéculatifs » de la philosophie phénoménologique –, la formule, aussi fondatrice que provocatrice, « l'éthique comme philosophie première » peut surprendre et doit être clarifiée. Dans quel sens peut-on dire, en effet, que Levinas érige l'éthique en philosophie première ?

1. Qu'il soit néanmoins possible de réaliser une telle éthique (ou du moins une phénoménologie de l'agir) dans un esprit heideggerien, c'est ce qu'a tenté de montrer R. Schürmann dans son livre remarquable *Le principe d'anarchie. Heidegger et la question de l'agir*, Paris, Seuil, 1982.

2. Husserl et Heidegger sont la première génération, Fink, Landgrebe, Patočka, Ingarden, Sartre, Merleau-Ponty, Levinas, Derrida, Ricœur, Desanti la deuxième, et M. Henry (qui est à cheval entre la deuxième et la troisième), K. Held, B. Waldenfels, J.-L. Marion et M. Richir les représentants les plus importants de la troisième génération de phénoménologues.

Que Levinas soit un phénoménologue ne fait pas de doute[1]. Qu'il soit un phénoménologue *transcendantal* est de premier abord moins sûr. L'affirmation qu'il l'est bel et bien est l'une des thèses du présent ouvrage – la mise en évidence des différents aspects que revêt son acception du « transcendantal » le traversera de part en part. Mais à côté de ce premier indice, « théorique », il y en a encore un autre, relevant d'une perspective « pratique ». Au moins depuis Kant, fondateur de la philosophie transcendantale dans l'acception moderne du terme, la philosophic « morale » ou « éthique » n'est pas *normative*, mais expose (voire « décrit ») des « *facta* » (ou des « faits »), des « données », dont il est possible, *après coup*, de *tirer* des préceptes normatifs, mais qui n'ont en tout cas pas été énoncés par l'exposition initiale. Levinas respecte tout à fait cette prérogative – d'ailleurs, dès les premiers mots de la Préface de *Totalité et infini*, il se défend et se prémunit contre toute naïveté à cet égard. S'il s'agit, pour lui, de penser l'éthique comme philosophie première, ce n'est pas seulement parce que ce qui vient ici en question c'est « ce que l'on pourrait appeler la "constitution du moi", la genèse de son ipséité et de son un-ité » (ne relevant point de « quelque préjugé moral ou moins encore moralisateur »[2]), mais encore parce qu'*il identifie un principe, fondamental et « premier », caractérisant son éthique, qui a une portée sur le plan d'une « philosophie première » dans le sens classique du terme*. Ce principe s'énonce comme suit : « La morale [...] met en

1. En dépit de ce que D. Pradelle dit, dans une remarquable étude, sur l'« éclatement » des concepts traditionnels de la phénoménologie chez Levinas, *cf.* « Y a-t-il une phénoménologie de la signifiance éthique ? », dans *Emmanuel Levinas et les territoires de la pensée*, D. Cohen-Levinas, B. Clément (dir.), Paris, PUF, 2007.

2. J. Rolland, Préface à EPP, p. 46.

question et à distance de soi, le moi lui-même »[1]. L'enseignement fondamental de la phénoménologie lévinassienne – que l'on retrouve bien entendu (au-delà de celles de Merleau-Ponty) dans des élaborations plus récentes[2] – est que la subjectivité transcendantale, « constituante » et prétendument « transparente », loin de posséder une structure ou un socle identitaire, est bien plutôt caractérisée par un « *écart* », irréductible et inéluctable, dont elle n'est nullement la source, mais qui relève d'une *transcendance*, *radicale*, que Levinas assimile d'une façon profondément originale à une *altérité*, à *autrui*. Ce constat donne lieu à des structures fort complexes et implique des données d'abord inapparentes, que seule une *méthode* particulière est en mesure de mettre au jour.

* * *

Levinas est plutôt parcimonieux en matière de considérations méthodologiques. Une raison cachée s'en trouve sans doute dans cette remarque ouvertement ironique : « Ceux qui ont fait toute leur vie de la méthodologie ont écrit beaucoup de livres qui remplacent les livres plus intéressants qu'ils auraient pu écrire »[3]. Sa propre méthode, déjà à l'œuvre dans *Le temps et l'autre* (conférences prononcées en 1946/47 et publiées pour la première fois en 1948, puis à nouveau, avec une préface instructive, en 1979) et élaborée ensuite avec le plus grand soin dans *Totalité et infini* (1961), consiste – pour la caractériser d'abord dans ses traits généraux – en une sorte de combinaison entre le « démantèlement [*Abbau*] » caractéristique de la phénoménologie génétique husserlienne et la dialectique hégélienne. Sa phénoménologie, qui est aussi – et

1. TI, p. 186. Ailleurs, l'« éthique » est définie comme « mise en question de ma spontanéité par la présence d'Autrui », *ibid.*, p. 33.

2. Nous pensons ici en particulier à celles de J. Derrida et M. Richir.

3. DQVI, p. 143.

surtout (nous y reviendrons) – largement tributaire, on le sait, du projet heideggerien d'une *ontologie phénoménologique* (même s'il récuse finalement l'« être »), cherche à *descendre* dans les sphères qui constituent l'apparaissant et l'immédiatement donné. Et dans la mesure où cette « descente »[1], qui rencontrera des « niveaux »[2] différents, vise à mettre en évidence les *conditions* de cet apparaissant et de ce donné, elle s'inscrit, nous venons déjà de l'évoquer, dans la tradition de la philosophie *transcendantale*[3]. En même temps, et ici se fait ressentir une certaine influence de l'auteur de la *Phénoménologie de l'esprit*, Levinas trace un mouvement *ascendant* vers la transcendance qu'il appelle, en suivant sur ce point Jean Wahl[4], un mouvement de « transascendance ». Mais cela soulève une réelle difficulté puisque le rapport entre les « niveaux constitutifs » (Husserl) ou les différents « moments » (Hegel) n'est précisément pas, à chaque fois, le même. En effet, alors que, pour Hegel, la conscience effectue un parcours dialectique bel et bien « ascendant » (rappelant le *Banquet* de Platon, cf. *infra*) du « moment » le plus abstrait vers le plus « concret », pour Husserl, le phénoménologue procède à l'inverse, moyennant un procédé « démantelant-

1. TI, p. 94.

2. *Ibid.*

3. Aussi ne nous semble-t-il pas tout à fait exact d'affirmer que *Totalité et infini* est caractérisé par une « structure classique », « celle d'une phénoménologie procédant par strates différenciées *où la liaison est celle de ce qui fonde à ce qui est fondé* » (nous soulignons), A. Lingis, « Préface à l'édition américaine d'*Autrement qu'être ou au-delà de l'essence* », dans *Levinas*, C. Chalier et M. Abensour (dir.), *Cahier de l'Herne*, 2006, p. 166. À l'image de l'acception du transcendantal que Levinas y développe, la démarche dans *Totalité et infini* reflète plutôt un « conditionnement mutuel » entre ce qui fonde et ce qui est fondé.

4. J. Wahl, *Existence humaine et transcendance*, Neuchâtel, Éditions de la Baconnière, 1944.

constructif»[1], à une descente, justement, dans les sphères ultimement constitutives du sens et du sens d'être de ce qui se présente à la conscience. Or, chez Husserl, le passage d'un niveau constitutif à un autre n'implique nullement un «impact» ou une «efficience» du niveau supérieur sur le niveau inférieur, tandis que, chez Hegel, le passage du moment inférieur au moment supérieur s'impose lorsque la mise en évidence d'une contradiction inhérente au moment inférieur motive et en appelle précisément à ce passage au moment supérieur. La difficulté réside alors en ceci qu'il y a une tension entre le refus husserlien de toute construction *spéculative* et une démarche – caractérisant en particulier les philosophes classiques allemands[2] – qui met en évidence une *rationalité sous-jacente* entre les différents «niveaux» ou «moments» constitutifs. Levinas surmonte cette difficulté en introduisant une *nouvelle méthode* qui, d'une part, préserve l'acquis husserlien et, d'autre part, intègre un moment hégélien à propos duquel il fait cependant valoir deux changements de taille.

Premièrement, ce qui sous-tend la possibilité de passer d'un niveau à un autre n'est pas une rationalité supposée

1. Nous avons montré, dans notre ouvrage *Husserl et les fondements de la phénoménologie constructive*, Grenoble, J. Millon, 2007, que la «construction *phénoménologique*» (qui remonte en réalité à Fink et, indirectement, à Heidegger) ne saurait être confondue avec n'importe quel type de construction «métaphysique» ou «spéculative».

2. Si ce constat vaut de toute évidence pour Hegel et le Schelling du *Système de l'idéalisme transcendantal*, il faut le nuancer concernant Fichte en raison du statut spécifique qu'il accorde à la «*réflexion*». Sur ce point, et sur la différence avec Schelling (qui défend un point de vue de la «*spéculation*»), *cf.* notre ouvrage *Réflexion et spéculation. L'idéalisme transcendantal chez Fichte et Schelling*, Grenoble, J. Millon, 2009.

dogmatiquement[1], mais l'« *expérience* ». Levinas en élargit le sens vis-à-vis de l'acception kantienne : non pas, cependant, à l'instar de Husserl (qui l'avait ouverte au « catégorial »), mais en y intégrant ce qu'il appelle la *concrétisation*[2], c'est-à-dire *cela même qui concerne à la fois la donnée « empirique » et sa « possibilité conditionnante »*. Et ce, de telle manière que la donnée empirique est certes conditionnée par sa condition transcendantale, mais ne la conditionne pas moins à son tour ! – Nous verrons dans le premier chapitre quel nouveau sens du transcendantal Levinas introduit par là dans la phénoménologie.

Et, deuxièmement, ce processus phénoménologico-dialectique ne donne lieu à aucun « troisième terme », à aucune « synthèse ». Il constitue par là ce que Fink avait déjà appelé, dans sa caractérisation de la phénoménologie husserlienne, un « système ouvert ». Levinas met ainsi en évidence les différentes composantes de l'expérience phénoménologique permettant de « monter » du même à l'autre, tout en restant fidèle à un certain transcendantalisme (en deçà de l'ontologie). Montée au terme de laquelle nous retrouverons – d'une

1. « [...] je pars non pas de la rationalité comme d'une notion englobant un système des catégories de notre logique de la connaissance, mais je voudrais élargir cette notion ; je pars du sensé où l'humain se tient avant tout système », TrI, p. 38.

2. Dans un essai publié dans *Entre nous*, Levinas écrit à propos de la « concrétude » : « Pour la phénoménologie cette concrétude englobe et supporte les abstractions naïves de la conscience quotidienne, mais aussi scientifique, absorbée par l'objet, empêtrée dans l'objet. D'où une nouvelle façon de développer les concepts et de passer d'un concept à l'autre – nouvelle façon qui ne se réduit ni à un processus empirique, ni à la déduction analytique, synthétique ou dialectique » (EN, « La conscience non-intentionnelle », p. 141).

Dans la refonte de la phénoménologie transcendantale de M. Richir, cette notion de « concrétude » joue également un rôle absolument central – quoique d'une manière tout à fait indépendante, bien sûr, de cette percée décisive chez Levinas.

manière qui n'est paradoxale qu'en apparence – la subjectivité. Tout au long de cet ouvrage nous tenterons de dégager les différentes implications de cette méthode originale.

* * *

La pensée de Levinas est une pensée en mouvement (« en route »), marquée par plusieurs moments saillants. Son premier chef d'œuvre est *Totalité et infini* (1961) auquel suivra un second, contenant plusieurs remaniements importants : *Autrement qu'être ou au-delà de l'essence* (1974). Dans le présent essai, nous nous focaliserons sur l'ouvrage paru il y a un demi-siècle, ce qui ne nous empêchera point de faire référence à de nombreux autres textes de Levinas (notamment à *Le temps et l'autre* qui contient déjà *in nuce* certaines idées postérieures, quoique sous une forme qui, à ce moment-là, ne fût pas encore tout à fait aboutie).

Dans la Préface de *Totalité et infini*, lorsqu'il rend hommage aux auteurs qui l'ont inspiré, Levinas fait explicitement mention de Husserl et de Rosenzweig, ailleurs de Platon, Hegel, Buber, etc. Mais le philosophe *omniprésent* dans cet ouvrage et à qui Levinas doit sa conceptualité propre – souvent certes de manière déplacée, voire totalement opposée aux élaborations de *Sein und Zeit* – c'est de toute évidence *Heidegger*. Levinas s'inscrit en faux, certes, contre plusieurs thèses fondamentales du philosophe allemand – concernant notamment le rapport entre l'étant et l'être, le statut de la transcendance, de la signification, du temps, etc. (nous en traiterons en détail par la suite) ; mais il est pourtant absolument indubitable que le modèle de *Sein und Zeit* est tout à fait primordial dans les principales élaborations lévinassiennes[1]. Voyons

1. Rares sont les grands ouvrages philosophiques qui s'en tiennent à ce point à une œuvre servant à la fois de modèle et de repoussoir. Chez certains

maintenant de façon plus concrète quelle méthode spécifique Levinas met en œuvre dans *Totalité et infini*.

Cet ouvrage se présente – au-delà des caractérisations générales que nous avons livrées plus haut – comme un curieux mixte d'éléments tirés du *Banquet* de Platon, de la *Phénoménologie de l'esprit* de Hegel et de *Sein und Zeit* de Heidegger. Et ce, en honorant de surcroît la phénoménologie husserlienne. – Remarquons, en passant, que le spectre hégélien y est effectivement tout à fait présent. Phénomène qui s'explique historiquement, par l'influence importante d'Alexandre Kojève sur nombre d'intellectuels parisiens de l'époque (Merleau-Ponty, Bataille, Lacan, Queneau, etc.), mais qui a eu des effets également ailleurs (*cf.* la *Logique de la philosophie* d'Éric Weil qui a d'ailleurs lui aussi assisté aux cours de Kojève). – Si, en phénoménologie, il ne saurait évidemment être question de faire parcourir à la conscience l'ensemble des « moments » censés constituer – en suivant une logique « dialectique »[1] – la totalité de son « expérience », Levinas n'en identifie pas moins des « situations », privilégiées, des « concrétisations » – il dit aussi : des « catégories » (terme qu'il reprend à É. Weil), qui constituent les jalons fondamentaux du rapport entre l'« ipséité » et la « transcendance ». Car *parcours* il y a, mais ce n'est pas celui d'un sujet ou d'une conscience, mais celui – à tendance beaucoup plus *spéculative* – des *catégories*, justement, du Même et de

philosophes classiques, cela a donné lieu à des élaborations certes tout à fait remarquables (nous pensons aux *Nouveaux Essais* de Leibniz, à certains textes du jeune Fichte ou du jeune Schelling), mais il faut sûrement remonter à la métaphysique aristotélicienne (dans son débat avec Platon) pour retrouver une œuvre de tout premier ordre exprimant une proximité (et une distance) aussi prononcée(s) que celle(s) de Levinas vis-à-vis de Heidegger.

1. Remarquons toutefois, et nous y reviendrons, que le passage du « visage » à l'« au-delà du visage » s'opère au prix de « coups de forces » assez éloignés d'une démarche authentiquement phénoménologique.

l'Autre eu égard à leur rapport spécifique. Si nous apercevons ici l'influence de Platon, Levinas fait effectivement moins référence au *Sophiste* qu'au *Banquet*. L'« initiation » qui est proposée dans ce dialogue « De l'amour » se présente, rappelons-le, sous forme d'un mouvement *ascendant* en six étapes[1] qui médiatise non pas le « Même » et l'« Autre » (comme le fera donc Levinas), mais l'« *unité* » et la « *dualité* » (caractérisant essentiellement le rapport amoureux selon Platon) : 1) *un* beau corps, 2) *deux* beaux corps, 3) la beauté des corps « *en soi* », 4) la beauté des *actions*, 5) la beauté des *connaissances* et 6) la *Beauté en soi* en tant que source de toute réalité. On peut d'ailleurs voir dans la composition du dialogue un reflet de ces six étapes (les cinq discours « sophistiques » + celui de Socrate rapportant les propos de Diotime). Mais nous savons aussi que le dialogue ne se termine pas là. S'y ajoute un *septième* épisode, l'arrivée d'Alcibiade au banquet qui, en dressant le portrait de l'*homme* Socrate, propose en quelque sorte une redescente vers le monde sensible. Dans *Totalité et infini*, il y a des traces de cette démarche platonicienne. En effet, Levinas met en avant sept « situations » ou sept « catégories » fondamentales : la jouissance, la possession, la féminité, le visage, le moi apologétique, l'amour et la fécondité. De même que, dans le *Banquet*, il y a une progression dans le rapport entre l'unité et la dualité, il y en a une également, dans *Totalité et infini*, entre le Même (le moi) et l'Autre (autrui) – avec au centre, ou plus exactement : au sommet, le *visage*. La place du visage dans ce parcours ascendant est effectivement tout à fait décisive. « Au milieu » (après les trois premières et avant les trois dernières), il est en même temps « au sommet » parce que le visage occupe, nous le verrons, une place déterminante dans l'ouvrage. Mais ce

1. Cf. *Symposion*, 211c ; voir aussi 210a-d.

dernier ne se termine pas avec lui, « la genèse continue » (comme dirait Fichte[1] auquel Levinas ne se réfère certes pas explicitement). Et l'accent bascule à chaque fois (de façon quasi dialectique) d'un terme à l'autre : la jouissance et la possession sont du côté du moi, la féminité du côté de l'autre, le visage au sommet, le moi apologétique du côté du moi, l'amour du côté de l'autre et la fécondité au terme de tout ce mouvement. Deux questions se posent cependant : premièrement, pourquoi le moi est-il d'abord caractérisé par *deux* « situations » différentes (la jouissance et la possession) ? Deuxièmement, pourquoi y a-t-il un « au-delà du visage » ?

Levinas retient des phénoménologies de Husserl et de Heidegger (mais la même chose vaudrait également de Fink) que le sujet est inséparable de son corrélat *mondain* (en termes husserliens : le sujet est « monade » ; en termes heideggeriens : le *Dasein* est « être-au-monde »). La « jouissance » concerne le « pôle » subjectif de cette relation intentionnelle ou de cette structure ontologique corrélative, et la « possession » la manière dont le sujet peut séjourner au monde et constituer les « choses » de ce même monde.

Et qu'en est-il alors de cet « au-delà du visage » ? Nous verrons quelles sont les raisons complexes justifiant l'exploration de cette terre « infinie et inexplorée » (tenant à la *bonté*, à la *visibilité* propre de cet au-delà et au *temps*). En tout cas, de même que, selon Alcibiade, le désir et l'aspiration infinie du

1. Il est en effet tout à fait remarquable que, sur le plan formel, *Totalité et infini* rappelle la structure de la *Doctrine de la Science de 1804* (deuxième version) de Fichte. Celle-ci culmine, dans la quinzième conférence (sur vingt-huit), dans la « doctrine de l'être et la vérité », et elle se poursuit avec la « génétisation » de ce principe (laquelle génétisation constitue à la fois une continuation de la montée et une redescente). À propos de la structure de ce texte clef de la philosophie classique allemande, *cf.* le premier chapitre de notre ouvrage *Réflexion et spéculation*, *op. cit.*

Beau en soi s'incarnent dans l'être démoniaque de Socrate, pour Levinas, le désir métaphysique trouve son expression ultime dans la catégorie de la « fécondité » en tant que « non altérité trans-individuelle ».

* * *

Mais le débat approfondi avec les phénoménologues, d'une part, et les philosophes classiques allemands, d'autre part, se poursuit encore dans une autre direction. En anticipant, nous dirions que les deux positions extrêmes que Levinas cherche tout d'abord à éviter (et auxquels il substituera une troisième perspective *positive*) sont la philosophie *heideggerienne* du *Dasein* qui déploie un rapport du sujet au monde où autrui se trouve exclu dans son être *en face de* lui, et une perspective – celle de *Sartre* – qui fait de la conscience une instance « néante » et « néantisante » qui ne repose en dernière instance que sur elle-même. Dans la mesure où le sujet n'est *pas* condamné à être libre, il n'est pas le principe de ses propres projets. C'est que l'altérité ne se présente pas seulement en aval, mais autant en amont de l'existence. Le sujet *rencontre* autrui qui se manifeste dans un face à face inanticipable, c'est-à-dire qu'il est d'abord autrui pour autrui – en cela, Levinas prend au sérieux la célèbre formule de Husserl selon laquelle « l'autre homme est dans l'ordre de la constitution l'homme premier en soi »[1] –, et, en même temps, il n'est pas à l'origine de lui-même, il est « *créature* ». Nous verrons quelles conséquences découlent, selon Levinas, de la fusion de la perspective éthique et de la perspective gnoséologique pour la recherche des fondements de la connaissance. Mais cette critique parallèle des auteurs respectivement de *Sein und Zeit* et de l'*Être et le néant* n'implique pas le retour à la conception

1. E. Husserl, *Méditations Cartésiennes*, Paris, Vrin, 1996, § 55.

hégélienne d'un « esprit absolu ». Loin de Levinas de se mettre à la quête d'une instance réconciliante et totalisante. Mais non moins loin de lui l'idée de réhabiliter une quelconque forme de l'argument ontologique de l'existence de Dieu [1], comme *Fichte* l'avait effectué dans une perspective à la fois ontologique et gnoséologique. Il s'agira alors de comprendre l'Autre dans toutes ses dimensions et sur tous les différents plans où il intervient, pour répondre à des insuffisances que Levinas identifie et stigmatise dans la tradition de la philosophie occidentale.

* * *

Cette mise au point – plutôt *historique* – relative à la démarche lévinassienne vis-à-vis de ses prédécesseurs doit être complétée par des remarques d'ordre *systématique*. La première concerne l'idée qu'il faut « surmonter des dualismes », laquelle est d'ailleurs aussi ancienne que le concept même de la phénoménologie. On en trouve des amorces déjà dans la phénoménologie fichtéenne (*cf.* sa *Doctrine de la Science de 1804 (deuxième version)*), dans *Sein und Zeit* de Heidegger et dans la *Phénoménologie de la perception*, où Merleau-Ponty était à la recherche d'une « troisième voie » au-delà du réalisme et de l'idéalisme. Chez Levinas, nous retrouvons une fois de plus ce même motif – et ce, sur différents plans dont il convient d'esquisser rapidement les orientations fondamentales.

En vertu de l'*épochè*, Husserl avait mis entre parenthèses toute « position d'être [*Seinssetzung*] », ce qui lui permettait de mettre en évidence, dans une « expérience transcendantale », les « effectuations [*Leistungen*] » de la subjectivité transcendantale fournissant par là la légitimation de la *connaissance*.

1. Pour Levinas, l'argument ontologique s'inscrit dans une perspective *totalisante* dans laquelle un ordre universel se soutient et se justifie tout seul.

Heidegger, lui, avait annoncé une nouvelle ontologie (c'est-à-dire une science de l'être *en tant qu'être*). S'il semble qu'il n'ait pas réussi à réaliser cette dernière, il a du moins donné à la subjectivité transcendantale un « sol *d'être* [*Seinsboden*] » qui faisait défaut, selon lui, chez Husserl – car pour que quelque chose puisse se donner en lui-même et à partir de lui-même, il faut d'abord qu'il « *soit* ». En radicalisant en quelque sorte l'« expérience transcendantale » husserlienne, Heidegger a ainsi ouvert la voie à une *ontologie* phénoménologique.

Aussi importante que fût cette nouvelle voie (ce dont témoignent les derniers travaux de Merleau-Ponty), la lecture que Heidegger a proposée de Husserl n'en demeure pas moins unilatérale. Trop nombreuses sont en effet les analyses qui font preuve d'un Husserl plus « subtil », se situant au-delà (ou plutôt en deçà) du clivage gnoséologie/ontologie (ce qui explique et illustre d'ailleurs en quoi ces analyses mettent en œuvre des « *constructions phénoménologiques* »[1]). Pour Levinas, il s'agit précisément de proposer une démarche au-delà d'un Husserl réduit à réactualiser (prétendument) une *gnoséologie* et, en même temps, au-delà d'un Heidegger fondateur d'une *ontologie* phénoménologique[2].

Un autre apport déterminant de la phénoménologie lévinassienne consiste, en outre, dans le fait qu'il remet en cause la solidarité stricte, caractéristique de la phénoménologie de Husserl, entre la conscience et l'*eidos*[3]. Cette remise

1. *Cf.* notre ouvrage *Husserl et les fondements de la phénoménologie constructive*, *op. cit.*

2. Voir TI, p. 33. Nous avons montré dans notre ouvrage *Le sens se faisant. Marc Richir et la refondation de la phénoménologie transcendantale*, Bruxelles, Ousia, à paraître, que ce constat vaut aussi pour l'œuvre de Marc Richir.

3. Cette idée se retrouve également chez M. Richir. Voir aussi ce que D. Pradelle écrit à propos de la « destruction des traits eidétiques de l'inten-

en cause est réalisée dès *Totalité et infini*, mais c'est dans *Autrement qu'être ou au-delà de l'essence* qu'elle se traduit également sur le plan terminologique[1]. Dans la mesure où cette orientation donne donc lieu, *chez Levinas*, à une « éthique comme philosophie première », elle constitue en même temps une surmontée des dualismes théorie/pratique, *a priori*/*a posteriori* et activité/passivité[2]. Mais ce n'est pas tout. Levinas cherche à mettre en évidence que, dans la « vie psychique », on accède à une dimension « de non-essence », « *au-delà du possible et de l'impossible* »[3]. Et « [l]'intervalle de la discrétion ou de la mort est une *notion troisième entre l'être et le néant* »[4]. Tout cela dans le but de reconsidérer à sa base le rapport entre le Même et l'Autre, Moi et Autrui, Ipséité (subjectivité) et Altérité. Car c'est cette dernière dualité qui servira à Levinas de prisme en vue d'une reconsidération de l'ensemble des concepts fondamentaux de la phénoménologie.

* * *

Notons enfin que c'est son interprétation du transcendantal qui commande toute la composition de l'ouvrage. Formellement, *Totalité et infini* semble être traversé par une double figure : d'une part, par le concept original du transcendantal

tionnalité », dans « Y a-t-il une phénoménologie de la signifiance éthique ? », art. cit., p. 77-90.

1. Levinas précise à ce propos dans sa « Préface à l'édition allemande » de *Totalité et infini* de 1987 : « *Autrement qu'être ou au-delà de l'essence* évite déjà le langage ontologique – ou plus exactement, eidétique – auquel *Totalité et infini* ne cesse de recourir pour éviter que ses analyses mettant en question le *conatus essendi* de l'être ne passent pour reposer sur l'empirisme d'une psychologie. Le statut de nécessité de ces analyses reste, certes, à déterminer malgré son analogie avec celui de l'essentiel », TI, p. II.

2. TI, p. 89.

3. TI, p. 51 (nous soulignons).

4. *Ibid.*

compris comme « conditionnement mutuel » (repris à l'« expérience sensible » selon Husserl) et, d'autre part, par l'« idée de l'infini » (empruntée à Descartes) qui indique le *dépassement* du penser par le pensé. Cela donne lieu à deux lignes traversant tout l'ouvrage et culminant chacune dans la « *fécondité* » : la première étant « jouissance – temps – responsabilité – fécondité » et la seconde « idée de l'infini – visage – fécondité ». Mais s'agit-il réellement de deux figures *différentes* – d'un côté, un rapport « mutuel », et de l'autre côté, une asymétrie ? C'est dans *Éthique et infini* que Levinas tranche cette question – en répondant par la négative. En effet, l'idée de l'infini et le visage[1] sont, au fond, caractérisés par les mêmes termes que son acception du transcendantal : c'est que s'y produit un « dépassement de l'acte par ce à quoi il mène »[2]. On n'est pas en possession de l'infini en tant que tel, on n'en a qu'une « idée ». Pour nous, c'est à travers l'idée que nous y accédons. En ce sens-là, *pour nous* (nous insistons), l'idée en est le conditionnant. Mais si nous en avons une *idée*, celle-ci est totalement dépassée par son *ideatum*, en ce sens que c'est lui qui est à sa source – qui la conditionne. Donc, formellement, l'idée de l'infini – et, partant, le visage – est structuré(e) de la même manière que le transcendantal, de telle sorte que, à l'inverse, celui-ci en contamine toute la teneur. Aussi *Totalité et infini* est-il effectivement de part en part un ouvrage de *phénoménologie transcendantale*.

La Fourchotte
Novembre 2010

1. Rappelons, en anticipant sur ce qui sera établi dans le chapitre VIII, que, pour Levinas, le visage n'est pas une « apparition », mais la « trace » – qui n'est pas une *empreinte*, mais renvoie plutôt à l'indétermination d'un « *tracé* » – où passe autrui. À cet égard, il évoque en effet l'idée de l'infini puisqu'il est transcendé par ce qui ne saura jamais être un contenu de conscience.

2. EI, p. 86.

CHAPITRE PREMIER

LEVINAS
PHÉNOMÉNOLOGUE TRANSCENDANTAL

Le philosophe se donne à lui-même son propre objet qui, en dehors de cette activité de philosopher, n'est « rien » – voilà l'enseignement fondamental de la philosophie *transcendantale*. Cela concerne la « forme » de cet objet autant que son « contenu ». Non seulement le philosophe pense (et « construit »[1], par là, en quelque sorte) ce qui est nécessaire pour que ce qu'il rencontre et ce qui se présente à lui soit possible, mais son objet ne se dégage que dans la discussion avec la tradition philosophique dont il s'approprie et transforme l'héritage.

L'œuvre d'Emmanuel Levinas illustre ce double propos d'une manière qui met au jour un potentiel philosophique aussi inédit qu'impensé de la phénoménologie – et déplace par là, au-delà des limites de la simple « description », le champ des phénomènes accessibles au phénoménologue. C'est ce qui fait de lui la figure majeure de la phénoménologie immédiatement post-husserlienne et post-heideggerienne. Le but de ces premières réflexions est de dégager ce potentiel et de

1. TA, p. 57. Que ce constat vaille aussi pour Husserl – malgré son insistance, dans ses écrits programmatiques introductifs, sur le caractère « descriptif » de ses analyses –, c'est ce que nous avons essayé de montrer dans *Husserl et les fondements de la phénoménologie constructive*, *op. cit.*

réfléchir sur ses conséquences pour le sens et le statut de la phénoménologie elle-même.

* * *

Considérons de plus près l'œuvre publiée de Levinas. Si, en particulier, *Totalité et infini* « se veut et se sent d'inspiration phénoménologique », cela en fait-il *ipso facto* un livre appartenant à cette tradition ? S'il y a bien sûr maintes raisons de lire Levinas, à considérer son œuvre *dans sa globalité*, comme phénoménologue [1], on peut se demander en quoi consiste précisément cette « inspiration » dans un livre souvent considéré comme étant « le moins phénoménologique ». Pour pouvoir justifier qu'il s'agit là *aussi* d'un chef d'œuvre *phénoménologique*, il faut naturellement s'entendre d'abord sur le sens du concept de « phénoménologie ».

On a plus d'une fois [2] insisté sur le fait que la difficulté de parler de la phénoménologie tient non pas à sa rareté, mais à son abondance et à la diversité des approches mises en œuvre par ses acteurs. Malgré cet état de choses, il n'est pourtant pas impossible de mettre en évidence, dans toute cette production riche et variée, un plus petit dénominateur commun.

Quant à son « contenu », la phénoménologie procède à l'analyse de l'*intentionnalité* – elle est « *Intentionalanalyse* (analyse intentionnelle) » –, c'est-à-dire qu'elle se focalise sur la caractéristique essentielle de la « conscience » de se rapporter à un objet, sur ce qui fait que « toute conscience est conscience de quelque chose ». Cette caractéristique en fait effectivement la teneur *essentielle* : ce n'est pas une propriété que l'on pourrait lui assigner de l'extérieur, mais la conscience

1. *Cf.* l'ouvrage de Y. Murakami, *Lévinas phénoménologue*, Grenoble, J. Millon, 2002.

2. Voir par exemple J. Benoist, *L'idée de phénoménologie*, Paris, Beauchesne, 2001.

est « de part en part » rapport à ..., sortie de soi, ouverture, extase. Tous les grands phénoménologues en ont présenté une interprétation spécifique. Nous verrons que celle de Levinas est particulièrement originale en ce qu'elle propose une interprétation inédite de la « sortie de soi ».

Sur un plan plus « formel », la phénoménologie traite non pas des « choses », mais des différentes manières dont les choses « apparaissent », c'est-à-dire « se donnent » à la « conscience », laquelle n'est pas considérée d'un point de vue psychologique, mais eu égard à sa *structure* et à sa teneur « *eidétique* » ; et en creusant cette corrélation irréductible de l'apparaissant et de ses modes d'apparition, elle est amenée à interroger le sens et le statut de l'*apparaître* lui-même et, de ce fait et du même coup, les modes *inapparents* propres à toute apparition. Si elle fut au départ purement descriptive, sa méthode – consistant à « creuser », à « démanteler », à « dévoiler » les couches constitutives de plus en plus « profondes » et se soustrayant de plus en plus à un accès immédiat – l'a logiquement conduite à *réfléchir* (sur) cette approche descriptive, à faire état de ses limites et à élaborer (dans la mesure du possible) des procédés méthodologiques plus adéquats.

Le fait que Levinas se rapporte sans cesse à Husserl et Heidegger, mais aussi à Sartre, Merleau-Ponty, Derrida, etc., n'est sans doute pas une condition *suffisante* pour faire de sa philosophie une philosophie *phénoménologique* qui en partagerait les outils et contraintes méthodologiques – aussi ne fait-il d'abord état, nous l'avons déjà dit, que de son « *inspiration* phénoménologique ». L'objectif de cet ouvrage est de présenter (et de justifier) en quoi la philosophie de Levinas constitue effectivement une « phénoménologie transcendantale » dans un sens inédit. Nous appellerons cette dernière une « phénoménologie transcendantale sans phénoménalité ».

Cette appellation ne trouvera sa justification pleine et entière que dans les chapitres ultérieurs (tout particulièrement dans celui sur le langage et celui sur le visage). Dans un premier temps, nous considérerons le lien entre phénoménologie transcendantale et ontologie.

La phénoménologie lévinassienne, dans la mesure où elle réfléchit sur le concept fondamental de l'« expérience » (ce qui touche évidemment à des questions de *méthode*), dont elle propose d'ailleurs une définition originale, et où elle dépasse les limites fixées d'abord par Husserl, reste toujours à la frontière entre la phénoménologie et l'au-delà de la phénoménologie. Levinas s'en est rendu compte dès ses conférences sur *Le temps et l'autre* et toute son œuvre ultérieure le confirmera. Cela ne remet pas en cause l'affiliation de Levinas à la tradition phénoménologique, mais cela témoigne plutôt de l'extraordinaire extension et richesse du champ que la phénoménologie investit. Donc, nous l'affirmons avec force : Levinas *est* bel et bien phénoménologue, et phénoménologue *transcendantal*, même – et surtout – là où il semble s'éloigner de toute perspective transcendantale.

* * *

La mise en œuvre des outils méthodologiques fondamentaux de la phénoménologie husserlienne aboutit à une impasse qui est celle-là même d'une philosophie s'inscrivant dans un cadre exclusivement *théorique*. En un sens, le mot que Jacobi a formulé à propos du statut de la « chose en soi » dans la première *Critique* de Kant s'applique aussi à l'« *épochè* » phénoménologique : sans celle-ci, on ne saurait entrer dans la phénoménologie, mais en la maintenant jusque dans ses conséquences ultimes, on ne saurait y rester. Justifions notre propos.

La fameuse « *époché* » n'est pas un instrument requérant une gymnastique de l'esprit somme toute arbitraire ou inutile, mais *une* forme d'expression de la manière dont s'ouvre (au phénoménologue) le « champ » transcendantal. Loin de s'apparenter à une « attitude » ou à une « pratique » psychologique, elle constitue très précisément ce moyen d'accès au transcendantal que les philosophes post-kantiens avaient déjà à leur tour recherché et revendiqué – en en assurant un statut qui n'est ni empirique, ni même ontologique. Et ce qui est novateur, par ailleurs, chez Husserl, c'est que l'*époché* permet en même temps de justifier le statut proprement *phénoménal* de l'apparaissant. Mais c'est là que commencent aussi les difficultés.

Si l'*époché* permet une « mise en suspens » ou une « mise hors circuit » du sens d'être de l'apparaissant, suspension qui s'impose afin d'éviter tout présupposé (métaphysique) eu égard à son statut ontologique justement, et si elle est solidaire d'une « reconduction », grâce à la « *réduction* phénoménologique », à la subjectivité transcendantale constituante du *sens* de l'apparaissant, la question se pose de savoir quelle *réalité* incombe exactement à tout ce qu'ouvre et à tout ce qui *s*'ouvre dans la sphère immanente de la conscience transcendantale. Il s'agit en particulier d'éviter deux écueils – et on peut sérieusement se demander si Husserl y est parvenu : celui, de Charybde, d'une « subjectivation » (ou « idéalisation ») indue, et celui, de Scylla, d'une « empirisation » (ou « réalisation ») du phénomène, laquelle fait perdre le sens *transcendantal* de la phénoménologie, comprise comme « idéalisme transcendantal », dans le sens original et inédit que Husserl a précisément conféré à tout son projet d'une philosophie phénoménologique.

En effet, si la « mise entre parenthèses » du statut ontologique du phénomène n'est nullement provisoire, mais si elle annonce un sens d'être tout à fait original (qui revient en gros à une clarification de ce que Kant a appelé une « analytique », censée se substituer à l'ancienne « ontologie »), on peut à bon droit se demander dans quelle mesure l'idéalisme transcendantal n'implique pas une sorte d'« immanentisation » du champ phénoménologique, dont *l'une* des conséquences semble être un « solipsisme » inéluctable. En un mot : comment parvenir, en respectant les « contraintes phénoménologiques » minimales, à clarifier et à rendre justice à l'*extériorité*, à la *réalité*, à la *transcendance* ?

Levinas répond à cette question en esquissant, dans ses travaux des années 1950, une « nouvelle *ontologie* »[1] *phénoménologique* (et, en cela, il évite les conséquences fallacieuses d'un maintien mal à propos[2] de l'*épochè*). Cette ontologie, si elle récuse toute affiliation *idéaliste* (en un sens, avouons-le, assez élémentaire et superficiel de l'« idéalisme »), s'affirme toutefois comme *transcendantale*. Dans quelle mesure est-il possible de caractériser le projet lévinassien comme jetant les nouvelles bases d'une *phénoménologie transcendantale* ?

L'héritage légué par Husserl et Heidegger aux générations ultérieures de phénoménologues consiste dans la nécessité de rendre compte du sens et du statut de la sphère constitutive « en deçà » de la corrélation sujet/objet. C'est ce que Merleau-Ponty nommait, dans la *Phénoménologie de la perception*, la recherche d'une « troisième voie » au-delà de tout « idéalisme » et de tout « réalisme » (en un sens non moins superficiel, d'ailleurs, que chez Levinas). La difficulté est que cette

1. EDE, « La ruine de la représentation », p. 130.

2. Nous verrons plus bas qu'il ne s'agit certes pas pour Levinas d'abandonner l'*épochè* et la réduction, mais de les comprendre d'une telle manière qu'elles se justifient non pas « par l'apodicticité de la sphère immanente, mais par l'ouverture [du] jeu de l'intentionnalité, par le renoncement à l'objet fixe, simple résultat et dissimulation de ce jeu », EDE, p. 134.

recherche n'a donné lieu, jusqu'ici, qu'à ce que Fichte avait appelé, dans la *Doctrine de la Science de 1804/II*, une « *synthesis post factum* », c'est-à-dire à la mise en évidence d'un « troisième terme », *simplement posé* ou *stipulé*, afin de satisfaire à ce *désir* de « surmonter » une dualité que l'on cherche à reconduire à une unité (ce troisième terme s'appelant indifféremment l'« ouvert », la « chair », le « monde », etc.). La prouesse de Levinas, dont on ne saurait souligner assez la force et l'originalité, est d'avoir réussi à élaborer d'une manière tout à fait cohérente une « solution » à ce problème. C'est sa propre compréhension du concept d'« *immédiateté* » et l'explicitation de ce qu'il contient de façon implicite qui nous permettra ici de nous orienter.

* * *

Mais avant d'entrer dans les détails de ce projet phénoménologique inédit, nous voudrions insister encore davantage sur la dimension « *transcendantale* » de la phénoménologie lévinassienne. C'est ici que nous trouvons l'une des illustrations les plus frappantes de la manière dont la pensée de Levinas s'est formée à travers l'extrapolation et l'approfondissement de ce qui constituait d'abord une lecture d'un point majeur chez Husserl.

Dans un article paru en 1959, Levinas souligne que le « renouvellement du concept même du *transcendantal* [...] nous paraît être comme un apport essentiel de la phénoménologie »[1]. Mais au lieu de laisser ce concept dans le flou, à l'instar de nombreux autres phénoménologues, il en propose une interprétation précise et originale. Le « transcendantal » est en effet, pour lui, nous l'avons vu, solidaire d'une perspective ontologique : « Une nouvelle ontologie commence : l'être

1. EDE, p. 127.

se pose non pas seulement comme corrélatif d'une pensée, mais comme *fondant déjà la pensée même qui, cependant, le constitue* »[1]. Quel est ce sens ontologique du transcendantal[2]?

Que la phénoménologie husserlienne ait introduit un nouveau concept du transcendantal est bien connu. Alors que « le » transcendantal renvoyait d'abord, pour Kant, aux *conditions de possibilité* de la connaissance qui se soustraient à toute forme d'expérience *précisément parce qu'elles rendent l'expérience POSSIBLE*, Husserl dévoile une « expérience transcendantale » légitimant ultimement la connaissance. Mais cette « fonction » de légitimation pose à son tour un problème *en raison même de la méthode phénoménologique* : en effet, si l'*époché* signifie une mise en suspens de tout sens d'être, comment faut-il comprendre cette expérience transcendantale en sa fonction légitimante? Plus précisément, comment ce à quoi on a d'abord ôté le sens d'être (à savoir cela même qui s'ouvre grâce à l'*époché*), peut-il revêtir une vertu légitimante pour ce qui se présente concrètement dans l'expérience (c'est-à-dire pour ce qui possède le sens d'être de ce que nous rencontrons dans l'« attitude naturelle »)? C'est là – à côté de la question de savoir quel sens d'être l'on peut accorder à la transcendance tout en maintenant fermement l'*époché* phénoménologique – l'une des difficultés méthodologiques majeures de la phénoménologie husserlienne.

De toute évidence, l'apparente circularité[3] (*cf.* la proposition citée à l'instant) s'exprimant dans le rapport entre

1. EDE, p. 130 *sq.* (nous soulignons).

2. Nous verrons qu'à partir de *Totalité et infini*, Levinas creusera davantage ce rapport entre « théorie » et « ontologie ». Cependant, il n'abandonnera pas son concept du « transcendantal » qu'il a d'abord identifié dans son interprétation de l'« expérience sensible » chez Husserl (cf. *infra*).

3. À propos de la circularité dans le transcendantalisme (notamment chez Kant, Fichte et Husserl), *cf.* notre ouvrage *Hinaus. Studien zur phänomeno-*

l'être « fondant » la pensée et la pensée « constituant » l'être, dénote au moins un certain « flottement » chez Husserl. Ce flottement, affirme cependant Levinas, « n'est pas sa faiblesse, mais sa force »[1]. Le transcendantalisme de la phénoménologie lévinassienne se concentre dans la formule suivante : « Le sujet n'est plus pur sujet, l'objet n'est plus pur objet. Le phénomène est à la fois ce qui se révèle et ce qui révèle, être et accès à l'être »[2]. La thèse fondamentale étant que *le constitué est constituant et que le constituant est constitué*. Si Levinas trouve cette idée d'un « conditionnement mutuel » du transcendantal d'abord dans la conception husserlienne de l'expérience *sensible*[3], il se l'appropriera complètement dans *Totalité et infini* où il en développera de multiples conséquences.

Cette « descente vertigineuse vers l'abîme » du conditionnement transcendantal entraîne par ailleurs, pour Levinas, une critique radicale de la représentation – qui résulte précisément de l'application de l'*épochè* et de la réduction phénoménologiques, et en vertu de laquelle seule le « surgissement transcendantal » de tout être représenté pourra être dévoilé. Dans quelle mesure l'application de l'*épochè* conduit-elle alors à ce que Levinas n'hésite pas à appeler la « ruine de la représentation » ?

Pour Levinas, la philosophie de la représentation et la perspective transcendantale bien comprise s'excluent mutuellement. Alors qu'une représentation, qui est toujours celle d'un *Moi*, est définie comme une détermination de l'Autre par

logischen Metaphysik und Anthropologie, Würzburg, Königshausen & Neumann, 2011 (chapitre II de la première partie).

1. EDE, p. 133.

2. *Ibid.*

3. « L'expérience sensible est privilégiée, parce que, en elle, se joue cette ambiguïté de la constitution, où le noème conditionne et abrite la noèse qui le constitue », EDE, p. 134.

le Même *sans que le Même se détermine par l'Autre*, le conditionnement transcendantal est, nous l'avons vu, *mutuel*, mais de telle manière qu'il y a un *surplus* toujours extérieur au Même. Nous verrons à ce propos, plus particulièrement, que Levinas oppose à la perspective de la représentation celle du *langage* et de l'*enseignement* qui mettent en jeu le *visage* et sa « hauteur ».

* * *

Si, dans ses premiers travaux (critiques), Levinas avait encore caractérisé son projet d'une phénoménologie transcendantale comme une nouvelle « ontologie », il se rend à l'évidence, à partir de *Totalité et infini*, que ce projet se situe, en réalité, sur un terrain qui n'est ni *gnoséologique* (comme l'est encore dans une certaine mesure le projet husserlien d'une légitimation ultime de la connaissance), ni *ontologique* (comme l'est l'« analytique existentiale » heideggerienne)[1], mais précisément « au delà de la théorie [de la connaissance] et de l'ontologie »[2]. Aussi ce projet n'oppose-t-il pas massivement une éthique comme philosophie première à la philosophie de la représentation que partageraient en commun toutes les métaphysiques traditionnelles, mais c'est plutôt de l'intérieur d'une refonte nécessaire de la phénoménologie que se dégage une perspective « éthique » – que Levinas définit

1. Il faut néanmoins éviter toute caricature consistant à opposer de façon simpliste une phénoménologie de la connaissance à une phénoménologie de l'être, puisque c'est précisément Husserl qui ne cesse de faire valoir, *contre Kant*, nous l'avons déjà dit, une « expérience transcendantale », et que les analyses heideggeriennes de la « possibilisation » et de la « transcendance » (*cf.* par exemple *Vom Wesen des Grundes*) dépassent bien entendu largement le seul cadre d'une ontologie.

2. TI, p. 33. La perspective ontologique n'est pas pour autant abandonnée. Comme nous le montrerons dans le chapitre suivant, Levinas conserve une dimension ontologique dans son idée d'une « production de la transcendance ».

d'abord, d'une manière quasi formelle, comme mettant en œuvre une *remise en question du Même par l'Autre*, alors que toute ontologie est caractérisée, à l'inverse, par la réduction de l'Autre au Même. Cette remise en question est analysée par Levinas d'une manière proprement phénoménologique (et nous y reviendrons). Mais ces analyses ne s'inscrivent pas moins d'abord dans une mise en perspective *historique* que Levinas conduit en termes de critique de la « totalité ». Que faut-il entendre par ce terme et comment Levinas en fait-il donc la critique ?

Le terme de « totalité » revêt quatre significations que Levinas trouve principalement chez Hegel et chez Heidegger. 1) En s'opposant à l'affirmation célèbre de la Préface de la *Phénoménologie de l'esprit*, Levinas affirme avec force que le vrai n'est *pas* le tout, la totalité. La première leçon qu'il tire de la phénoménologie husserlienne, c'est que le « savoir » ne fait pas système (mais constitue au mieux ce « système ouvert » dont nous avons déjà parlé plus haut). Cela se justifie à un double titre. 2) Le sens ne se dévoile pas, pour Levinas, à la fin d'un processus de manifestation des différents « moments » du savoir (qui formerait dès lors précisément un tout). La chouette de Minerve ne prend pas son envol au crépuscule. Levinas ne partage donc pas du tout l'idée (hégélienne) que le rapport entre le sens et le temps serait à concevoir comme dévoilement (du sens) au terme d'un processus (temporel). 3) Et cela implique, d'autre part, que le « sujet », le « Moi », tire son sens non pas, comme pour Hegel, à partir d'une *totalité extérieure* (c'est-à-dire à partir d'un tout comme ensemble de manifestations de l'« esprit »), mais à partir de *soi*. 4) Cependant, Levinas n'en déduit pas pour autant que le Moi tirerait son sens à partir de sa *propre* totalité, à partir de son propre « pouvoir-être-[une-]totalité », « pouvoir-être-tout », « pouvoir-être-entier », comme c'est le cas chez Heidegger. Il y a chez Levinas une véritable refonte de la notion de « subjectivité », laquelle ne constitue pas une totalité et dont le philosophe n'a pas à chercher le principe dans un « pouvoir-être-tout » afin de clore et de légitimer une « ontologie fondamentale » (qui s'avère par là impossible).

* * *

La phénoménologie lévinassienne – telle est son ambition la plus profonde – vise ainsi à sortir du cadre de toute philosophie de la totalité et ce, non pas en versant dans l'irrationalisme ou dans n'importe quelle forme de « déconstruction de la métaphysique », mais en respectant fermement les « contraintes phénoménologiques » – et cela veut dire, avant tout, en pensant ensemble sa conception du transcendantal et les conséquences de sa critique de la totalité. Cela donne lieu à une pensée de l'infini qui, sans s'appuyer sur un présupposé théologique, sort pourtant du cadre de toute philosophie *théorique*. Le concept clé de cette nouvelle perspective est celui du *visage* qui diffère de tout contenu représenté et qui « incarne » cette immédiateté évoquée plus haut.

La phénoménologie transcendantale de Levinas se place *en amont* de toute intentionnalité objectivante et même, nous l'avons déjà dit, en amont de la représentation tout court. Tout son projet se concentre dans ces affirmations absolument capitales qui clarifient le « passage » de la « totalité » à l'« infini » :

> On peut remonter à partir de l'expérience de la totalité à une situation où *la totalité se brise*, alors que *cette situation conditionne la totalité elle-même. Une telle situation est l'éclat de l'extériorité ou de la transcendance dans le visage d'autrui. Le concept de cette transcendance, rigoureusement développé, s'exprime par le terme d'infini*. Cette révélation de l'infini ne mène à l'acceptation d'aucun contenu dogmatique, et l'on

> aurait tort de soutenir la rationalité philosophique de celui-ci au nom de la vérité transcendantale de l'idée de l'infini. Car la façon de remonter et de se tenir en deçà de la certitude objective [...] se rapproche de ce qu'on est convenu d'appeler *méthode transcendantale* [...][1].

En quoi se justifie ici cette référence à la « méthode transcendantale » ? Cela tient très précisément à l'interprétation lévinassienne du transcendantal, à laquelle nous avons déjà fait référence, qui se joue dans la situation privilégiée de « l'éclat de l'extériorité ou de la transcendance dans le visage d'autrui ». Celle-ci ne traduit rien d'autre que le « conditionnement mutuel » caractérisant, par excellence, le transcendantal, sachant que ce conditionnement ne donne pas lieu à une circularité fallacieuse. Si la « situation où la totalité se brise » conditionne bien la totalité (ce qui suppose donc la « révélation de l'infini »), il n'en faut pas moins « l'expérience de la totalité » pour que l'on puisse remonter à cette situation. Autrement dit – et c'est sans aucun doute la leçon que Levinas retient de Hegel –, la saisie proprement phénoménologique de l'extériorité et de la transcendance ne signifie pas qu'il suffise de tourner le dos à la « totalité », mais que cette dernière exige une véritable « *Aufhebung* » – et cela implique d'abord et avant tout d'y « séjourner », de s'en « nourrir », de se l'« approprier » complètement[2]. La phénoménologie lévinassienne propose ainsi, avec *Totalité et infini*, autant un « essai sur l'*extériorité* » qu'elle ne vise à livrer une réélaboration fondamentale de la *subjectivité*.

1. TI, p. 9 *sq.* (nous soulignons).

2. En revanche, qu'il n'y ait pas d'antithèse dialectique entre l'intériorité de la jouissance et la relation transcendante (cf. *infra*), que « le mouvement de la séparation ne se trouve pas sur le même plan que le mouvement de la transcendance » (TI, p. 158), qu'il n'y ait pas de « conciliation dialectique du moi et du non-moi » (*ibid.*), est rigoureusement anti-hégélien.

CHAPITRE II

SUBJECTIVITÉ ET INFINI

Totalité et infini se présente « comme une *défense* de la subjectivité », « issue de la *vision eschatologique* » et saisie « comme fondée dans l'*idée de l'infini* »[1]. Dans la mesure où cette subjectivité s'oppose « à l'objectivisme de la *guerre* »[2], l'emploi du terme de « défense » n'est pas ici anodin. Si le fait que la philosophie touche en son essence – en particulier suite aux totalitarismes du XXe siècle – au rapport entre *rationalité* et *violence* (laquelle risque précisément de la remettre en question) a déjà été reconnu ailleurs[3], Levinas se propose d'élaborer une théorie de la subjectivité qui non seulement critique toute philosophie du « neutre » (M. Blanchot, Heidegger[4]), mais remet radicalement en cause la « suspension de la morale » de toute philosophie théorique qu'il n'hésite pas à assimiler à « l'état de guerre »[5] (il va de soi

1. TI, p. 11.
2. *Ibid.*
3. *Cf.* É. Weil, *La logique de la philosophie*, Paris, Vrin, 1950.
4. Sur le concept de « neutralité » (du *Dasein*) chez Heidegger (au sens de l'« *isolement métaphysique* de l'homme »), cf. *Metaphysische Anfangsgründe der Logik im Ausgang von Leibniz*, GA 26, Frankfurt am Main, Klostermann, 1990, p. 171 *sq.*
5. Il est remarquable que l'exposé d'*Autrement qu'être ou au-delà de l'essence* autant que celui de *Totalité et infini* commencent avec une réflexion sur la *guerre*. Sur le statut de la guerre dans la pensée lévinassienne, *cf.* F.-D. Sebbah, « Décrire l'être comme guerre », dans D. Cohen-Levinas et B. Clément (dir.), *Emmanuel Levinas et les territoires de la pensée*, *op. cit.*

que, sur ce point, il vise encore Heidegger). À cette position « guerrière », exprimant la « volonté de puissance » propre au Même cherchant à avoir une emprise sur l'Autre et à l'assimiler, il oppose alors une conception de la subjectivité qui ne peut mettre fin à cet « état de guerre » qu'en s'installant d'abord sur le terrain même du guerrier[1] – d'où, on le voit, la nécessité de la *défendre*. Levinas hérite ainsi de l'anti-dogmatisme de la phénoménologie husserlienne qui s'exprime, chez lui-même, dans une sensibilité « hospitalière » vis-à-vis de *l'autre* – ce qui suppose, en l'occurrence, de le rencontrer toujours déjà « *chez lui* ».

La lecture heideggerienne de l'histoire de la métaphysique – qui diagnostique une « subjectivation » de plus en plus accrue (qui culminerait, d'après ses cours sur *Nietzsche*, dans *Sein und Zeit*), ce qui nécessite, selon lui, de s'en *détourner* (c'est cela le sens de sa fameuse « *Kehre* » du milieu des années 1930 qui se produit au moment même où il élabore ces cours sur Nietzsche) – ne donne pas lieu chez Levinas à un « abandon » de la subjectivité. Toute la difficulté est de concevoir la possibilité d'un tel maintien face aux raisons qui justifieraient éventuellement de l'abandonner. La solution est, sur un plan formel, la même que celle déjà proposée par l'auteur des *Unzeitgemäße Betrachtungen*. Ce dont il faut sortir n'est pas la « subjectivité » en elle-même, mais le processus *historique* et *téléologique* dans lequel elle s'inscrit, en Occident, depuis la fin de la Renaissance. Une telle sortie doit être conçue, selon Levinas, en termes d'« eschatologie de la paix ».

La phénoménologie lévinassienne, nous l'avons vu, s'oppose à différents égards à la philosophie hégélienne de la totalité. Ce que Levinas appelle l'« extraordinaire phénomène de l'*eschatologie* prophétique » ou « messianique » ne peut, lui

1. « La paix des empires sortis de la guerre repose sur la guerre », TI, p. 6.

aussi, être conçu que dans la discussion avec Hegel. Levinas oppose en effet l'« idée *eschatologique* du jugement » au « jugement de l'histoire » hégélien. L'idée fondamentale est que le jugement *eschatologique* tel que Levinas le conçoit ne s'effectue pas *à la fin* du processus historique, mais correspond au « jugement *de tous les instants dans le temps où l'on juge les vivants* »[1] – ce qui implique, nous l'avons déjà mentionné, un tout autre rapport au *temps* que celui s'exprimant chez Hegel mais aussi chez Heidegger.

Levinas récuse chez Hegel l'idée que seul le caractère *achevé* du processus historique attribuerait à tout étant sa *signification* et son *identité*. Ce serait le caractère *clos* du discours cohérent (et donc effectivement sa *totalité*) qui assignerait à tout étant son « lieu » au sein du réseau des significations – clôture qui nécessite de se placer *au terme* du processus, de le tenir, au présent, comme *passé*. Or, Heidegger a profondément critiqué cette conception du temps (et la constitution du sens qui lui est corrélée). En effet, il a mis en avant, au centre de l'analytique existentiale du *Dasein*, une « possibilité ultime », se dévoilant dans l'anticipation de la mort (et privilégiant non plus le rapport au *passé*, mais l'ouverture à l'*avenir*), qui *ouvre à toute possibilité finie du* Dasein[2] (ce qui inscrit la source de tout sens *dans le* Dasein *lui-même* et non plus, comme chez Hegel, dans l'Esprit absolu et éternel) et qui, en même temps, opère à nouveau une *clôture* puisque cette anticipation est précisément le principe du « pouvoir-être-*tout* [*GANZseinkönnen*] » du *Dasein*. Donc si Levinas reconnaît le mérite de Heidegger d'être parvenu à sortir du cadre d'un principe extra-temporel (« éternel ») ainsi que de la conception de l'histoire qui en découle, il stigmatise pourtant le fait que,

1. TI, p. 8 (nous soulignons).

2. *Cf.* notre ouvrage *De l'existence ouverte au monde fini. Heidegger 1925-1930*, Paris, Vrin, 2005.

en dépit de cette avancée importante, l'auteur de *Sein und Zeit* reste lui aussi un philosophe de la totalité.

Les efforts de Levinas se concentrent alors sur l'idée de penser de manière radicale une existence du sujet *à partir de soi et non pas à partir de la totalité*. Cette idée implique de prendre en compte la notion de *responsabilité* et permet de dresser les bases d'une phénoménologie du *langage* et de la *parole* (nous y reviendrons).

Approfondissons davantage, à présent, les raisons pour lesquelles Levinas insiste sur le maintien de la subjectivité dans sa phénoménologie (du « soi » dont il faudra *partir*), pourquoi il se place sur le terrain du « guerrier » et n'abandonne donc pas « l'égoïsme » du Moi. La « descente » dans les profondeurs en deçà de la « corrélation noético-noématique » – qui ne touchera nullement le « neutre », mais fera apparaître l'*Autre* (quoique non pas sur le mode du « dévoilement ») – implique en effet et n'est possible que si *en face de* cette transcendance radicale se maintient un terme *à partir duquel* cela aura effectivement un sens de parler d'une « altérité » radicale. Il n'y a de l'autre que s'il y a du même – mais un même qui restera toujours le même, immuable, le *premier* terme d'une relation. L'asymétrie qui se montre dans le rapport de l'autre vis-à-vis du même nécessite d'abord celle apparaissant dans le rapport du même vis-à-vis de l'autre. Levinas appelle cette asymétrie « irréversibilité ». Elle seule permet de concevoir la non-totalisation, la non-intégration dans un rapport qui ramènerait tout au Même. L'expression « altérité radicale » n'a en effet de sens que si l'Autre transcende tout rapport d'identification. Si Levinas est ainsi d'abord un penseur de l'altérité et de la différence[1], il conduit par là le

1. « Levinas ne se préoccupe de l'uniformité que parce qu'il s'intéresse à la différence », dans S. Petrosino, J. Rolland (dir.), *La vérité nomade. Introduction à Emmanuel Levinas*, Paris, La Découverte, 1984, p. 19.

transcendantalisme kantien jusqu'au bout : *la pensée de l'altérité nécessitant comme sa* condition *la pensée radicale de la subjectivité*. L'« en face de » désigne ainsi cette unique « relation » qui met en « face à face » deux termes *irréversibles*, *non intégrables* dans un rapport sur lequel, prétendument, on pourrait prendre un point de vue de surplomb.

Or, ce terme initial dont on doit nécessairement partir pour pouvoir rencontrer une altérité irréductible est le *Moi*. Il est le même par excellence qui a « l'identité comme contenu »[1]. Cela signifie que le Moi n'est pas un individu quelconque (auquel on peut assigner de l'extérieur son « identité d'avec soi »), mais « l'être dont l'exister consiste à s'identifier »[2]. Se croisent ici deux idées importantes – l'une reprise à Kant, l'autre à Heidegger. Dans la déduction transcendantale des catégories de la première édition de la *Critique de la raison pure*, Kant avait caractérisé le « Je transcendantal » non pas comme une unité substantielle, mais comme le terme qui s'identifie *à travers ses actes de synthèse* du divers donné dans l'intuition[3]. Le Moi lévinassien est lui aussi défini, *en son contenu*, par l'auto-constitution de son identité. Mais il retient en même temps la leçon de l'ontologie fondamentale heideggerienne qui se propose de cerner le *Dasein* en son être qui est d'*exister*. Le Moi n'est donc pas une « *condition* transcendantale » qu'il faut *supposer* pour pouvoir rendre compte de ce qui rend la connaissance possible, mais il *existe* précisément *comme s'identifiant*.

Déjà Heidegger avait critiqué (de façon certes injuste) le caractère « privé de monde [*weltlos*] » de l'*ego husserlien*. Il lui a opposé le *Dasein* humain qui se rapporte toujours déjà au

1. TI, p. 25.
2. *Ibid.*
3. *Cf.* notre ouvrage *En deçà du sujet. Du temps dans la philosophie transcendantale allemande*, Paris, PUF, 2010 (chapitre I de la première partie).

monde, lequel constitue sa structure ontologique fondamentale. Le *Dasein* est « être-au-monde ». Si cet être-à (... le monde) a certes un sens affectif – il ne signifie pas une inclusion simplement spatiale, mais un rapport de familiarité et de connivence –, cette expression reste pourtant trop formelle, elle n'en dit pas assez sur l'*identité* du Moi et l'*altérité* du monde qu'elle implique et surtout, sur la manière dont le Moi y *séjourne* proprement. *Le « séjourner » indique une identification-à-soi « à » ou « vers » un* autre *(= le monde, justement), tout en y existant* chez soi. Séjourner, c'est être soi-même « dans » un autre, mais un autre auquel on ne s'oppose pas en demeurant, de façon complètement *séparée* de cet autre, dans une identité formelle d'avec soi-même, mais où l'on est bel et bien *chez soi*. Le séjourner est le mode de rapport *pré-intentionnel* du Moi au monde.

* * *

Or, dans quelle mesure cette nouvelle acception de la subjectivité est-elle fondée dans l'idée de l'*infini*? Ce qu'il s'agit d'éclaircir, c'est la nature du rapport – tout à fait spécifique – entre la subjectivité et l'altérité transcendante (nous verrons plus loin ce qui, dans cette expression, relève respectivement de la *transcendance* et d'*autrui*). Ce rapport est unique dans la mesure où l'un de ses termes, la transcendance, n'annule certes pas le fait qu'il soit précisément en rapport avec l'autre, mais empêche cependant de former avec lui un Tout, susceptible d'être embrassé par un regard synoptique ou de surplomb. Il a d'abord été pensé par Descartes dans ce que ce dernier a appelé l'« *idée de l'infini* ». Sa caractéristique fondamentale est que ce dont l'idée est l'idée dépasse le contenu de l'idée elle-même (il y a « excès » de l'*ideatum* vis-à-vis de l'*idea*). Et *Levinas en fait la détermination essentielle de l'autre* : « [l]'infini est le propre d'un être transcendant en tant que transcendant, l'infini est l'absolument autre »[1].

Ce qui est tout à fait remarquable, c'est que Levinas fait valoir ici, pour la phénoménologie, une figure très originale de la « réflexion de la réflexion » (qu'il trouve dans la « *Troisième Méditation* » de Descartes) :

> Si dans une première démarche, Descartes prend une conscience indubitable de soi par soi, dans une deuxième démarche – *réflexion de la réflexion* – il s'aperçoit des *conditions* de cette certitude. Cette certitude tient à la clarté et à la distinction du *cogito* – mais la certitude elle-même est recherchée à cause de la présence de l'infini dans cette pensée finie qui sans cette présence ignorerait sa finitude [...][2].

Cette figure ne s'appuie pas – dans la recherche des « conditions de la certitude » – sur la réflexibilité fichtéenne (autre grande réalisation d'une « réflexion de la réflexion »), laquelle peut être mobilisée, dans le sillage de Fink, en vue de l'élaboration d'une « phénoménologie constructive »[3], mais précisément sur l'« idée de l'infini » qui, d'une part, permet au sujet pensant de prendre conscience de sa finitude et, d'autre part – et c'est absolument capital –, fonde donc justement la subjectivité dans cette « idée de l'infini ».

Mais cette « fondation » doit être conçue en même temps[4] comme *production* de l'infini dans la relation du Moi à Autrui (au double sens d'une effectuation et d'une révélation) – où la

1. TI, p. 41.
2. TI, p. 232 (nous soulignons).
3. *Cf.* le premier chapitre de la seconde partie de notre ouvrage *Hinaus. Studien zur phänomenologischen Metaphysik und Anthropologie*, *op. cit.*
4. Ce double rapport (de la fondation du moi dans l'idée de l'infini et de la production de l'infini à partir du moi) explicite et illustre bien entendu le « conditionnement mutuel » caractéristique du transcendantalisme proprement lévinassien que nous avons développé plus haut.

subjectivité reste primordiale (« le particulier et le personnel magnétisent en quelque façon le champ même où cette production de l'infini se joue »[1]) puisque cette production exige une sortie de soi. Quel est le sens de cette « production » ?

Ce concept est la notion clef de la dimension *ontologique* de la phénoménologie lévinassienne – et l'on ne saurait en surestimer l'importance. Ici, l'écart vis-à-vis de Heidegger est le plus signifiant et l'apport le plus original. On sait que la critique de la sous-détermination ontologique de la phénoménologie husserlienne a été le moteur de l'élaboration, dans *Sein und Zeit*, d'une *ontologie* phénoménologique. Il s'agissait par là de se démarquer de la gnoséologie néo-kantienne. Mais, pour Levinas, ce projet d'une ontologie phénoménologique est à son tour sous-déterminé d'un point de vue ontologique – cependant dans un autre sens, certes, que l'idéalisme transcendantal husserlien pour Heidegger. Or, ici encore, Levinas renvoie dos à dos Kant et Heidegger.

Ce qui pose d'abord problème, et cela jette encore une autre lumière sur la critique lévinassienne de la totalité, c'est que toute philosophie de la totalité n'est pas en mesure de cerner les phénomènes fondamentaux (tels que le visage, le langage, le désir, etc.) dans leur « distance en profondeur », c'est-à-dire dans cela même qui constitue proprement le « face à face ». La perspective de l'analytique transcendantale kantienne, en particulier, dans laquelle tout objet ne se constitue que dans des synthèses (« logiques ») opérées par l'entendement sur le divers sensible, n'atteint pas cette profondeur d'une *altérité* par rapport au sujet transcendantal. La *synthèse* – le schématisme transcendantal le montre de manière tout à fait explicite – n'a jamais lieu qu'entre le Même et le Même.

1. TI, p. 11.

Mais, ce qui semble surtout insuffisant aux yeux de Levinas, c'est la conception de la vérité comme « *dévoilement* », élaborée dans *Sein und Zeit* (et nous y reviendrons). En anticipant, nous pouvons d'ores et déjà mettre le doigt sur deux insuffisances dont souffre cette conception. D'une part, tout étant se dévoile à la lumière de l'être qui en constitue l'horizon ontologique au sein duquel il peut se donner (c'est ce qui explique pourquoi Levinas caractérise parfois la phénoménologie (heideggerienne) comme « jeu de lumière »). Levinas remet cette priorité en cause et la renverse : c'est l'étant qui précède l'être[1]. Et ce renversement se justifie, d'autre part, par le fait que l'ontologie ne se réalise véritablement que si la pensée, la conscience, le Moi, l'intériorité, etc. ne sont pas un simple « reflet » de l'être, une représentation, un enregistrement, voire même (et c'est ainsi que Levinas critique tout transcendantalisme formel) une « invention psychologique », mais « la *brisure* même de l'être » et donc « la production [...] de la transcendance »[2]. Voici ce qui est alors au cœur de la théorie lévinassienne de la subjectivité : l'altérité n'est possible qu'à partir de *moi* parce que ce n'est que grâce à ce dernier que s'ouvre et peut avoir lieu « l'événement de l'être ».

* * *

« L'altérité n'est possible qu'à partir de *moi* »[3]. Ce qui rend possible le rapport à l'Autre, à la transcendance, c'est la *subjectivité séparée* (ou ce que Levinas appelle la « sépara-

1. Voir à ce propos la précieuse Postface de Ludwig Wenzler à l'édition allemande du *Temps et l'Autre* dont la traduction française (faite par Guy Petitdemange) a été publiée dans le *Cahier de l'Herne* sur Levinas.

2. TI, p. 29.

3. *Ibid.*

tion »)[1]. L'apport fondamental de la théorie lévinassienne de la subjectivité consiste dans l'établissement de la manière dont la *pluralité* est concevable. Or, cela implique que la subjectivité n'est pas *universelle* (en tout cas pas exclusivement), car une telle « universalité » signifie une « non individualité » – ce qui rend précisément impossible le rapport à l'altérité. La subjectivité est à la fois *structurelle* et *séparée*. En termes heideggeriens : elle est un « existential », tout en étant « mienneté [*Jemeinigkeit*] »[2]. Mais Levinas est ici plus radical que Heidegger : la subjectivité « mienne » n'a pas *seulement* le statut d'un existential du *Dasein*, mais c'est le *Dasein* qui doit être repensé en termes de « subjectivité » et de « séparation » (vis-à-vis de la transcendance qu'elle rend possible). Au fond, Levinas revient tout simplement à une acception commune de la subjectivité. Pour le sens commun, est « subjectif » ce qui me concerne individuellement, personnellement. Il fallait s'élever à un niveau d'abstraction considérable pour relier « subjectivité » à « universalité » – à moins que ce ne fût une manière détournée de ne pas complètement abandonner une certaine forme de dogmatisme. La subjectivité concerne *moi-même*, le moi étant aussi *inintégrable* que la transcendance avec laquelle il est en « relation ». Et, nous insistons, il faut qu'il y ait la subjectivité puisque l'intégration dans la totalité universelle nivelle et efface toute altérité. Seule cette saisie profonde et véritable de la subjectivité permet effectivement de rendre compte de la *pluralité*. Avant de revenir sur ce point, il faut s'installer au plus profond de la subjectivité.

1. TI, p. 242.

2. Sur le rapport entre l'être et la mienneté, *cf.* les très beaux développements dans DQVI, p. 146 *sq.* Voir aussi le commentaire de S. Mosès, « L'idée de vérité dans l'œuvre d'Emmanuel Levinas », dans *Emmanuel Levinas. L'éthique comme philosophie première*, Paris, Le Cerf, 1993, p. 114 *sq.*

CHAPITRE III

JOUISSANCE ET POSSESSION

Totalité et infini se présente comme un « essai sur l'extériorité », comme une réflexion sur la « transcendance ». Celle-ci se doit d'abord, afin de pouvoir rencontrer l'altérité *comme altérité*, de s'installer de la manière la plus intime au sein de la *subjectivité*[1]. Cette réflexion ne reste nullement extérieure à son objet, mais elle constitue elle-même un véritable parcours. En ce sens-là, elle est tout à fait en cohérence avec le sens même de la signification, toujours « en route »[2] (nous y reviendrons). Aussi, Levinas propose-t-il un développement, du Même à l'Autre, du sujet à la transcendance, dont nous retracerons ici les grandes lignes, en nous arrêtant sur les concepts les plus importants que nous croiserons sur ce chemin phénoménologico-dialectique.

* * *

La subjectivité est d'abord *intériorité*. Levinas reprend ici, en les approfondissant et en les tournant finalement contre elles-mêmes, les analyses heideggeriennes de la « mienneté [*Jemeinigkeit*] ». Celle-ci est définie par le caractère « à-chaque-fois-*mien* » du *Dasein*. Or, le *moi* est *unique*. Cette

1. Voir F. Guibal, *Approches d'Emmanuel Levinas. L'inspiration d'une écriture*, Paris, PUF, 2005, p. 77 *sq*.
2. TI, p. 96.

unicité transcende la table kantienne des catégories – elle ne se réduit ni à l'unité, ni à la singularité, ni à un mélange des deux. Et ce, parce que du moi, il n'y a pas de concept du tout. Le moi ne « tombe » pas sous un concept. En particulier, il ne s'inscrit pas dans un rapport de causalité. Bref, le moi est la manière dont s'accomplit la rupture *radicale* de la totalité.

Deux points importent en particulier pour la compréhension de cette intériorité : le moi n'est pas *extatique* et il est l'*étant* par excellence. À prendre l'intériorité en son sens radical, elle n'est pas une conscience intentionnelle portée vers un objet transcendant, elle n'est pas non plus le porteur de quoi que ce soit, mais une « involution », un « retrait en soi », une « contraction » (ainsi, le rapport intentionnel se présente comme quasiment « inversé »). Pour en rendre compte, Levinas utilise un langage bergsonien : « [l]e moi est la contraction même du sentiment, le pôle d'une spirale dont la jouissance dessine l'enroulement et l'involution : le foyer de la courbe fait partie de la courbe. C'est précisément en tant qu'"enroulement", en tant que mouvement vers soi – que se joue la jouissance »[1]. L'affectivité[2] joue ici un rôle crucial : « [c]e que l'on appelle l'état affectif, n'a pas la morne monotonie d'un état, mais est une *exaltation vibrante où le soi se lève* »[3]. Levinas en traite en termes de « sensibilité » et de « sentiment » : « la sensibilité est de l'ordre de la jouissance et non pas de l'ordre de l'expérience. La sensibilité ainsi comprise, ne se confond pas avec les formes encore vacillantes de la "conscience de". Elle ne se sépare pas de la pensée par une simple différence de degré. Pas même par une différence qui concernerait la noblesse ou le degré d'épanouissement de leurs

1. TI, p. 123.

2. Sur ce point également, un rapprochement avec les analyses *richiriennes* de l'affectivité s'avèrerait très fructueux.

3. TI, p. 123.

objets. La sensibilité ne vise pas un objet et fût-il rudimentaire. Elle concerne jusqu'aux formes élaborées de la conscience, mais son œuvre propre consiste en la jouissance, à travers laquelle tout objet se dissout en élément où la jouissance baigne »[1]. Le soi qui se lève et qui devient moi dans la jouissance est « égoïste » – mais *sans autrui*, « je suis seul sans solitude, *innocemment* égoïste et seul »[2].

Le moi est enfin l'expression la plus forte de l'« exaltation » lévinassienne de « l'étant ». Le moi n'est pas un exister (= *être* de l'étant) en vue de lui-même, il n'est pas le « sujet du verbe être », il n'est pas « ontologique », mais « autonome » par rapport à l'être. « L'étant, par excellence, c'est l'homme »[3].

* * *

La phénoménologie lévinassienne est une apologie de la vie. Si Levinas a toujours été extrêmement attentif aux critiques que Heidegger a adressées à l'encontre de l'approche husserlienne d'une phénoménologie de la « conscience », censée être « privée de monde », il formule à son tour une critique virulente de la conception d'un *Dasein* incorporel, asexué, utilitariste – donc dépourvu de *vie*. Une pénétration de la subjectivité se doit d'abord de cerner ce que le *Dasein* (bien compris) a d'irréductiblement *vivant*.

Pour Levinas, le *Dasein* humain n'est pas un *fait nu* d'exister. Fin penseur de la nudité, il en dégage deux sens fondamentaux. Ne sont nues que les *choses*. Ou alors, mais dans un *tout autre sens*, *autrui* (dans l'épiphanie du *visage*).

1. TI, p. 145.
2. TI, p. 142 (nous soulignons).
3. TI, p. 124.

Faire du *Dasein*, un « exister nu », c'est finalement le rabaisser à une chose, le découper de son rapport à autrui.

La nudité, loin de signifier une *privation*, indique un *surplus*. « Pour une chose, la nudité, c'est le surplus de son être sur sa finalité »[1]. Levinas montre dans une belle analyse que les villes industrielles illustrent le mieux cette nudité de la chose sensible. Au-delà d'exister en vue de leurs fins de production, « enfumées, pleines de déchets et de tristesse [elles] existent aussi pour elles-mêmes »[2]. Or, la « *significativité* [*Bedeutsamkeit*] » de l'être-au-monde se constitue (selon la célèbre doctrine de *Sein und Zeit*) dans les rapports de « tournure » (« *Bewandniszusammenhänge* ») des étants « maniables », c'est-à-dire dans les rapports de renvoi d'un « ustensile » à un autre et ce, eu égard à sa finalité, déterminée de façon « utilitaire » (la traduction française de « *Zeug* » par « ustensile » souligne bien, justement, ce caractère « utilitaire », voire « utilitariste »). Ainsi, le *Dasein* heideggerien (en tant qu'être-au-monde) correspond très exactement à cette description de la nudité des choses : son « exister *nu* » est le surplus de son être sur la finalité des *Bewandniszusammenhänge*[3]. Nous reviendrons plus loin, dans le chapitre sur le *visage*, sur l'autre signification de la nudité.

Cette nudité du *Dasein* heideggerien se traduit donc par le fait que son commerce avec l'étant (fût-il « maniable », dans le « faire », ou « présent », dans la contemplation théorétique) se réduit à un simple rapport d'instrumentalisation. Or, pour Levinas, le rapport fondamental au monde n'est pas « utilitaire », mais « vital », il n'est pas d'abord « intention-

1. TI, p. 71.

2. *Ibid.*

3. Et le rapport au *monde* s'en trouve affecté : pour Levinas, le rapport au monde est fondamentalement un rapport à ce dont on *jouit* et non pas à ce qu'on *exploite*.

nel» (Husserl), ni «projetant» et «intéressé» (Heidegger), mais un rapport de *jouissance*. Cette notion de jouissance implique deux choses: l'«*indépendance*» et le lien avec l'«*alimentation*».

Le rapport de jouissance est désintéressé; le fait de vivre de... n'implique ni un usage utilitaire, ni une instrumentalisation, ni une poursuite d'une quelconque fin. La jouissance est fin de soi, de telle sorte que «vivre de... dessine l'indépendance même»[1]. Mais indépendance ne signifie pas autosuffisance. L'approfondissement de la subjectivité, que vise Levinas, consiste à reconnaître l'essence de la jouissance comme «transmutation de l'autre en Même». La jouissance est *alimentation*. Déjà dans *Le temps et l'autre*, Levinas avait suggéré qu'il fallait substituer la «*nourriture*» à l'«*ustensile*» heideggerien. Or, il convient d'insister sur la particularité des «*contenus*» de cette nutrition qui ne sont autres que les «contenus» de la vie. Ils ne relèvent ni de la représentation, ni de la réflexion. Ils sont à leur tour vécus :

> On vit sa vie. Vivre est comme un verbe transitif dont les contenus de la vie sont les compléments directs. Et l'acte de vivre ces contenus, est, *ipso facto*, contenu de la vie. La relation avec le complément direct du verbe exister, devenu transitif (depuis les philosophes de l'existence), en réalité, ressemble au rapport avec la nourriture où, à la fois, il y a rapport avec un objet *et rapport avec ce rapport qui, lui aussi, nourrit et remplit la vie* [...]. Cette façon, pour l'acte de se nourrir de son activité même, est précisément la jouissance[2].

Il y a ainsi, dans la vie, «rapport avec le rapport (à l'objet)» ou, autrement dit, *conscience de la conscience*; cependant, celle-ci n'est pas, nous insistons, *réflexion*, mais – marque

1. TI, p. 113.
2. TI, p. 113 *sq*. (nous soulignons).

essentielle de la subjectivité – contact pré-réflexif et sensible, donc *non intentionnel*, cela même que Levinas désigne justement par le terme original de la « jouissance » ou encore de l'« *égoïsme* » propre de la vie [1].

La « disposition affective fondamentale » n'est ni l'angoisse, ni l'ennui, mais précisément la *jouissance* – à condition, toutefois, de comprendre qu'elle ne saurait être l'« humeur » dans laquelle se tient le *Dasein*. En affirmant cela, Levinas tire encore une autre conséquence de l'idée d'un « exister nu » : la jouissance est « entre » l'exister nu (qui est « en deçà » d'elle) et la réflexion (qui est « au-delà ») puisqu'elle est un *accomplissement* et qu'elle porte le souvenir de sa « puissance » (avant de « s'actualiser » justement). La jouissance annule l'exister nu qui, nous l'avons déjà établi, ne peut valoir que pour les *choses*.

L'approfondissement de la subjectivité a ainsi pour premier but de montrer qu'elle « prend son origine dans l'indépendance et dans la souveraineté de la jouissance » [2], laquelle, dans la mesure où elle consiste dans la transmutation première de l'autre en même, constitue « le plus bas degré » du rapport à l'altérité.

Avant de continuer à grimper cette échelle montant vers la transcendance (radicale), il faut souligner le *statut transcendantal* de la jouissance. Comme nous l'avons vu dans le premier chapitre, Levinas propose une nouvelle définition du

1. Le subjectivisme de l'« égoïsme du moi » va à la fois plus loin et moins loin que celui de l'« égoïté du *Dasein* » dont Heidegger traite dans les *Metaphysische Anfangsgründe der Logik* (*op. cit.*, p. 241-243). Plus loin parce qu'il pense plus radicalement le moi eu égard à son caractère *sensible* et à la manière dont il séjourne au monde (cf. *infra*), et moins loin parce qu'il ne lui reconnaît pas de « neutralité » (ce qui, selon Heidegger, est la condition de possibilité, pour le philosophe, de « thématiser » le rapport « Je-Tu »).

2. TI, p. 117.

« transcendantal » en phénoménologie. Selon cette définition, le transcendantal est caractérisé par un « conditionnement mutuel » : le constitué entre de manière constituante dans le constituant lui-même. Or, la jouissance déploie ce sens du transcendantal sur le plan du *sensible*. Car ce dont nous vivons fait précisément l'essence même de la jouissance. Ce dont nous avons besoin pour vivre, ce dont nous dépendons (mais sans que joue ici, nous l'avons vu, le moindre intérêt), « vire » en « souveraineté », en « égoïsme ». Et ce « re-virement » fait justement écho au caractère *mutuel* du conditionnement transcendantal.

* * *

Quel est le statut du *corps* dans l'économie du rapport entre le Même et l'Autre ? « [Ê]tre corps, c'est [...] être *moi* tout en vivant dans l'*autre* »[1]. Être corps, c'est surmonter ce dont je dépends. C'est *incarner* l'enjambement d'une distance. « Mon corps [est] une façon de posséder et de travailler, d'avoir du temps, de surmonter l'altérité même de ce dont je dois vivre »[2]. D'une manière d'abord purement formelle, le corps est élévation et position. Le corps humain s'élève et pèse. « Le corps nu et indigent, identifie le *centre* du monde qu'il perçoit, mais *conditionné* par sa propre représentation du monde, il est par là, comme arraché au centre d'où il partait – telle une eau jaillissant du rocher qui emporte ce rocher »[3]. Être corps, vivre corporellement, c'est, à l'inverse de la constitution intentionnelle qui incorpore l'autre dans le même, « tenir à l'extériorité ». « Le corps nu et indigent est le retournement même, irréductible à une pensée, de la représentation en vie, de la

1. TI, p. 121.
2. TI, p. 120 *sq.*
3. TI, p. 133.

subjectivité qui représente, en vie qui est supportée par ces représentations et qui *en vit*; son indigence – ses besoins – affirment "l'extériorité" comme non-constituée, avant toute affirmation »[1]. L'existence corporelle, saisie en son essence, constitue la « ruine de la représentation » (cf. *supra*). L'extériorité n'y est pas *constituée*, mais *assumée*. Comme nous l'avons déjà montré à l'instant pour la jouissance, ce geste signifie l'inscription du transcendantal lévinassien dans l'être corporel :

> Assumer l'extériorité, c'est entrer avec elle dans une relation où le Même détermine l'autre, tout en étant déterminé par lui. [...] La façon dont le Même est déterminé par l'autre et qui dessine le plan où se situent les actes négateurs eux-mêmes, est précisément la *façon* désignée plus haut par « vivre de ... ». Elle s'accomplit par le corps dont l'essence est d'*accomplir* ma position sur terre, c'est-à-dire de me donner si on peut dire une vision, d'ores et déjà, supportée par l'image même que je vois[2].

Or, ce traitement du « vivre de ... » dans son rapport au transcendantal a un sens temporel tout à fait capital. Même si nous traiterons plus loin du temps pour lui-même, il convient dès à présent de clarifier ce sens temporel afin de pointer très précisément l'originalité de l'intentionnalité « inversée » caractérisant en propre la jouissance.

Ce sens temporel spécifique apparaît lorsque l'on met justement en contraste l'intentionnalité de la *représentation* et l'« *inversion* » de l'« intentionnalité » de la *jouissance*. Nous verrons dans le chapitre v que le propre de la signification, selon Levinas, est de ne pas être fondée dans quoi que ce soit, mais de s'« autoprésenter ». Cette « autoprésentation » tient à ce qu'il appelle la « génialité » de la représentation. Celle-ci

1. TI, p. 134.
2. TI, p. 134.

est « création » (idéaliste), et à cet égard elle est identique à l'« intelligibilité » cartésienne. En effet, de même que la clarté de l'idée intelligible se présente comme si l'objet extérieur était l'œuvre de la pensée, dans la représentation, l'autre est complètement déterminé par le même, ou, dans la terminologie technique de Husserl, l'objet est « noème ». Quel est alors le sens temporel de cette « spontanéité pure » ? La pensée, la conscience intentionnelle, est commencement absolu, elle concentre à chaque fois son corrélat noématique dans un *instant inconditionné*. Et ce, à un tel point que pour pouvoir rendre compte de la constitution de la conscience du *temps*, Husserl affirme dans un texte souvent cité que l'intentionnalité rétentionnelle vient toujours se greffer *sur* l'« impression originaire [*Urimpression*] » et que le phénoménologue ne peut alors « prendre conscience » du présent qu'*après coup*[1]. – En réalité, cette analyse n'est nullement le dernier mot de Husserl à propos du statut de la « *hylè* » temporelle (= l'« impression originaire »). Dans les *Manuscrits de Bernau* – texte auquel Levinas n'a jamais eu accès pour des raisons éditoriales – Husserl a en effet procédé à une « construction phénoménologique » du « procès originaire » avec sa structure en « noyaux », lesquels ont un statut « de part en part *intentionnel* » et qui permettent, dès lors, de rendre compte de la constitution de la conscience du temps non pas *après coup*, mais « au moment même » (si, à ce niveau constitutif, cette désignation temporelle a un sens) où l'« objet-temps [*Zeitobjekt*] » « s'écoule »[2]. Husserl a donc livré, en 1917/18, une réponse « avant la lettre » à toutes les critiques que les phénoménologues français de la « deuxième génération » (Levinas,

1. *Cf.* à ce propos le célèbre Supplément IX des *Leçons pour une phénoménologie de la conscience intime du temps*, Paris, PUF, 1964.

2. Pour plus de détails sur ce point, *cf.* le chapitre IV de notre ouvrage *Husserl et les fondements de la phénoménologie constructive*, *op. cit.*

Merleau-Ponty, Ricœur, Derrida, etc.) ont pu adresser à l'auteur des *Leçons pour une phénoménologie de la conscience intime du temps* (publiées en 1928).

Quoi qu'il en soit, l'« intentionnalité de la jouissance », avec son « conditionnement mutuel »[1] évoqué, a la double particularité (et le double avantage), d'une part, de ne pas rendre compte d'une constitution seulement *après coup* : « l'originalité [de ce conditionnement tenant] à ce que le conditionnement se produit *au sein du rapport de représentant à représenté, de constituant à constitué* »[2], et, d'autre part, d'éviter de s'installer dans l'éternité d'un « instant inconditionné » (hypothèse, somme toute métaphysique, que Levinas récuse). Voici comment Levinas caractérise cette « inversion de l'intentionnalité » et quelle conclusion il tire eu égard son sens temporel :

> [...] le jeu change de sens. Le corps indigent et nu, est ce changement de sens même. C'est là la profonde intuition de Descartes, lorsqu'il refuse aux données sensibles le rang d'idées claires et distinctes, les rapporte au corps et les range dans l'utile. C'est là sa supériorité sur la phénoménologie husserlienne qui ne met aucune limite à la noématisation. Un mouvement radicalement différent de la pensée se manifeste quand la constitution par la pensée se trouve une condition dans ce qu'elle a librement accueilli ou refusé, quand le représenté vire en passé qui n'aurait pas traversé le *présent* de la représentation, comme un passé absolu ne recevant pas son sens de la mémoire[3].

Nous voyons donc que, en vertu de ce « renversement de l'intentionnalité », la jouissance – et donc le *corps* – est

1. Ici, « le constitué [...] devient au sein de la constitution, la condition du constituant », TI, p. 135.

2. *Ibid.* (nous soulignons).

3. TI, p. 136.

proprement caractérisée par le fait de contester le privilège de la conscience selon lequel elle constituerait à elle seule tout sens. « Le corps [...] vit en tant que cette contestation »[1]. Et le re*présent*é s'avère dès lors être *toujours déjà* du *passé*.

* * *

« Mais le corps n'est pas seulement ce qui baigne dans l'élément[2], mais ce qui *demeure*, c'est-à-dire habite et possède »[3]. Le parcours « transascendant » vers l'altérité radicale, s'il n'est pas *seulement* dialectique, mais « phénoméno-logico-dialectique », n'en cherche pas moins à mettre en évidence les différents maillons permettant de comprendre la possibilité de ce rapport à l'Autre. Un moment essentiel à cet égard est précisément la *demeure* ou l'*habitation*, qui n'est pas introduite en guise de n'importe quelle « *Aufhebung* » de la jouissance, mais qui *accomplit* concrètement l'intériorité et dans laquelle s'enchevêtrent la possibilité du rapport *à la fois* au *monde et* à *autrui*.

Dans la jouissance, le moi, *séparé*, est dans l'intimité d'avec soi. Mais l'intimité est un mode de l'intériorité qui ne se comprend que dans le contraste avec l'extériorité. Levinas relie cet aspect à la manière dont le moi *se situe* dans le monde, *habite* le monde, sans que cette manière de « s'y trouver » soit un froid « être-jeté ». Cette « disposition » – véritablement et proprement *affective* – engage en effet deux choses à la

1. TI, p. 136.

2. Levinas appelle l'« élément » et l'« élémental », le « milieu », sans face ni dimension – intériorité qui ne saurait se convertir en extériorité –, dans lequel « on baigne », le « non possédable qui enveloppe ou contient sans pouvoir être contenu ou enveloppé », TI, p. 138. L'« élémental » représente ainsi les forces inchoatives et indomptables de la nature *avant toute maîtrise* (ou toute *tentative* de maîtrise) *par l'humain*. L'élémental relève de l'être tandis que le monde (des choses – de la possession et du travail) relève de l'étant (cf. *infra*).

3. TI, p. 145.

fois. D'une part, l'approfondissement de la subjectivité se doit d'être reflété aussi dans la manière dont le moi habite le monde. Pour que la sortie de soi dans le monde, sur la place « publique », soit compréhensible, il faut qu'il puisse *se recueillir*. Et, d'autre part, ce *recueillement* n'est à son tour possible que grâce à un *accueil* qui signale déjà la présence d'*autrui* (plus exactement de la « féminité » (*cf.* le chapitre suivant)). Détaillons ces deux aspects.

Le rapport entre la demeure et le monde objectif est analogue à celui entre l'ipséité et la transcendance : « la demeure ne se situe pas dans le monde objectif, mais le monde objectif se situe par rapport à ma demeure »[1]. La demeure rend possible le fait d'habiter le monde, tout comme le rapport à la transcendance exige la séparation du moi. Et le recueillement qui y a lieu n'est pas une attitude psychologique d'une conscience en quête de solitude, mais une catégorie ontologique (c'est-à-dire un « existential ») : « le recueillement, œuvre de séparation, se concrétise comme existence dans une demeure, comme existence économique. Parce que le moi existe en se recueillant, il se réfugie empiriquement dans la maison »[2].

Ainsi, la demeure marque une première prise de distance vis-à-vis de la jouissance. Ce qui est décisif, c'est que la demeure n'est pas le *refuge* d'un moi esseulé, mais exprime « la familiarité intime où plonge la vie »[3]. Cette familiarité intime, « une douceur [annonçant le « féminin »] qui se répand sur la face des choses », est une dimension ontologique du monde que le moi rencontre toujours déjà dans le commerce avec ce qui l'entoure. De même que, dans l'égoïsme du vivre

1. TI, p. 163.
2. TI, p. 164.
3. TI, p. 165.

de…, le moi est jouissance, dans son rapport originaire au monde, il habite sa demeure.

* * *

La demeure, l'habitation, la maison, définit la manière dont le moi *séjourne* au monde. Ce séjourner, ce demeurer, éclaircit certes le mode d'exister de ce dernier, mais n'en reste pas moins encore *abstrait* – malgré le fait qu'en lui proposant un hébergement, il déformalise le fait nu d'exister. Plus exactement, par rapport à la vie concrète dans le *monde*, la demeure constitue un « non lieu », « entre la visibilité et l'invisibilité », dont nous venons de développer le caractère nécessaire en vue de toute sortie de soi effective du moi. Nous pouvons associer, à cette *spatialité* « utopique », un mode *temporel* correspondant : celui de l'*ajournement* et de la donation d'un *délai* (cf. *infra*). La demeure a alors un statut *ambiguë*, dont témoignent la spatialité et la temporalité spécifiques, elle est à la fois *éloignement* (vis-à-vis du monde extérieur) et *rapprochement* (en vertu de l'ouverture même au monde qu'elle rend possible). Pour sortir de cette ambiguïté, un *arrachement* est nécessaire qui nous mènera à la prochaine étape de notre parcours : à savoir à la *possession* et au *travail*.

L'être qui est dans la jouissance « baigne » dans l'élémental, c'est-à-dire, nous l'avons évoqué en note, dans le milieu absolument *intérieur* des « forces inchoatives de la nature », sans visage et perdu dans le néant, avant toute fixation et toute sécurisation. Levinas appelle « travail » le procédé qui arrache à l'élémental – où je « baigne » – cela même qui se constitue par là en « chose ». Comment la chose se constitue-t-elle plus précisément ?

Levinas reconfigure ici totalement les catégories ontologiques fondamentales. Les développements sur le travail et la possession constituent peut-être l'exposé le plus clair de sa critique d'une philosophie de l'être au profit d'une philosophie de l'étant. L'élémental est le domaine par excellence de l'*être*, ce qui le peuple constitue le champ de l'*ontologie*. La critique – peu voilée – de Heidegger consiste en ceci que les « *choses* », dans la mesure où le travailleur les *arrache* à l'élémental, ne relèvent plus du tout de l'être ! Il est remarquable, en particulier, – indice supplémentaire d'un retournement de Heidegger contre lui-même –, que l'« organe » qui intervient ici de façon décisive est la *main*. Remise en cause évidente d'une distinction de l'étant en « *Zuhandenes* [étant maniable] » et « *Vorhandenes* [étant présent] » (où le substantif « main [*Hand*] » figure à chaque fois) ! En vertu de la main, les choses arrachées à l'élémental sont *saisies*, *rapportées à moi*, *acquises*, *prises – com-prises*. Le « comprendre [*Verstehen*] » ne caractérise pas, pour Levinas, le fait nu d'*exister*, mais le rapatriement et le rangement des choses à la *maison* (le « *Stehen* » exprimant ici leur « fixité » et leur « tranquillité » [1]). Et cette fonction de la main s'effectue *avant* tout projet, *avant* toute finalité, elle est antérieure à tout « *Daseinsentwurf* (pro-jet du *Dasein*). C'est donc grâce au fait que la possession s'accomplit en vertu de la main que l'étant est compris et que la chose peut proprement surgir. Et c'est précisément par la transformation de l'« être » des choses en leur « avoir » (exprimant la possession) que s'expliquent alors la neutralisation et finalement l'abandon de l'ontologie.

Ces reconfigurations touchent également à la notion de « substance » dont Levinas propose une définition tout à fait originale. La substance, et ce qui fait qu'une substance est une substance – la « *substantialité* » –, n'est ni une dimension de l'« *en soi* » de la chose individuelle, ni un *concept* (fût-il « pur »), c'est-à-dire qu'elle ne réside pas dans le caractère

1. TI, p. 169.

sensible de la chose, ni n'est issue d'une synthèse de l'entendement. La substantialité, dotée d'un « être de pure apparence », d'un « être phénoménal », tient au travail de la *main*. C'est en effet la main qui trace le contour de toute chose. Cette substantialité est d'ailleurs tributaire d'une ambiguïté – entre la jouissance et la possession – qui caractérise proprement la main : la main permet la réalisation de la *jouissance* (en portant les qualités élémentaires aux lèvres, pour ainsi dire) et les *prend en possession* et les *garde*, dans la *maison*, en vue d'une jouissance future. C'est la main qui « comprend » véritablement la chose : « La main *comprend* la chose non pas parce qu'elle la touche de tous les côtés à la fois (elle ne la touche pas de partout), mais parce qu'elle n'est plus un organe de sens, pas pure jouissance, pas pure sensibilité, mais maîtrise, domination, disposition – ce qui ne ressortit pas à l'ordre de la sensibilité »[1]. La substantialité ne concerne donc aucun être en soi, mais ouvre à un monde à la frontière entre la jouissance et la possession. Alors qu'au niveau de l'élémental où jouit la jouissance, les qualités élémentaires sont soumises à un changement permanent, la possession instaure une certaine stabilité – relative[2], certes, car les choses sont mobiles, « *meubles* », objets que la main peut transporter, d'abord dans la demeure, ensuite en dehors d'elle. Et la possession suppose le recueillement de la demeure, tout comme la demeure conditionne aussi le travail.

Il convient de souligner enfin le statut ontologique spécifique de la *possession*. La possession ouvre au monde des choses – et, corrélativement, la demeure déploie l'étendue

1. TI, p. 174.

2. Ce caractère relatif se traduit aussi par le fait que la chose, qui n'est pas en soi, peut s'échanger, se quantifier, se convertir en valeur marchande (en « argent ») qui relève évidemment de son « avoir » dans la possession.

physico-géométrique[1]. Levinas s'inscrit ainsi en faux par rapport à l'idée que le monde, en tant que structure ontologique fondamentale du *Dasein* (justement comme être-au-*monde*), serait l'horizon au sein duquel et à partir duquel apparaît tout étant (et notamment les choses). L'idée est toujours la même : le monde n'est pas une zone froide et aride – fût-elle « familière » – dans laquelle le *Dasein* est *jeté*, mais, et sur ce point Levinas *radicalise* encore davantage le « subjectivisme » heideggerien, un monde de la possession, un monde que le moi doit nécessairement d'abord *s'approprier*. « Le monde est possession possible, et toute transformation du monde par l'industrie est une variation du régime de la propriété »[2]. En associant « propreté » et « propriété » (« possession »), Levinas pense ainsi, on le voit, la « propreté » dans toutes ses conséquences radicales pour le statut même du monde.

* * *

Voici donc ce que Levinas conclut au sujet du corps (en guise de récapitulation de tout ce qui précède), qui s'avère ainsi – à la limite entre la jouissance et la possession, entre une intériorité radicale et une intériorité ouvrant sur le monde extérieur – être une extrapolation de la main[3] (et non pas du phallus comme c'est le cas du corps de l'hypochondriaque selon Freud) : « le corps comme corps nu n'est pas la première possession, il est encore en dehors de l'avoir et du non-avoir. Nous disposons de notre corps selon que nous avons déjà suspendu l'être de l'élément qui nous baigne, en *habitant*. Le corps est ma possession selon que mon être se tient dans une

1. TI, p. 182.
2. TI, p. 175.
3. Levinas écrit en effet que la corporéité tout entière du corps « peut se substituer à la main », TI, p. 181.

maison à la limite de l'intériorité et de l'extériorité. L'extra-territorialité d'une maison conditionne la possession même de mon corps »[1]. Approfondissons ce statut intermédiaire du corps.

Le corps n'est pas un objet – en tout cas pas au même titre que les autres objets. Il est *la manière dont se présente l'être séparé* : « entre deux vides », en tant que siège pré-substantiel d'un double mouvement d'intériorisation et d'appropriation (au sens *actif* du processus, c'est-à-dire *avant* précisément que la possession soit acquise). Le corps est fondamentalement une existence *équivoque*. Le fait d'être corps exprime la tension entre un *se*-tenir de soi-même et par soi-même, ce qui exprime sa maîtrise, et un se-tenir dans un *autre* (sur la terre, etc.), ce qui reflète son enchaînement et son encombrement (le corps est sain, mais toujours menacé de la maladie et de la mort). Autrement dit, l'existence corporelle se tient dans la tension entre l'indépendance et la dépendance (tension « joyeuse » parce que, nous l'avons vu, on vit de ce dont on dépend).

Mais cette ambiguïté a une portée encore plus grande. La demeure n'est pas seulement ce qui ouvre au *monde* en rendant possible le travail et la possession, mais elle est aussi – dans la mesure où elle héberge et protège le corps qui travaille – à la source d'un *ajournement* (cf. *infra*) de la menace de la maladie mortelle et, en particulier, de l'échéance où la vie arrive à son terme[2], ajournement qui ouvre à la dimension du *temps*[3]. Et puisque temps et conscience, temps et moi, s'avèreront être *en co-éclosion* (cf. *infra* également), l'ambiguïté du corps n'est

1. TI, p. 174.

2. « L'être domicilié ne tranche sur les choses que parce qu'il s'accorde un délai, parce qu'il "retarde l'effet", parce qu'il travaille », TI, p. 178.

3. Avec la demeure, Levinas livre ainsi un hébergement à la conscience bergsonienne.

autre que la *conscience* : « La conscience ne tombe pas dans un corps – ne s'incarne pas ; elle est une désincarnation – ou, plus exactement un ajournement de la corporéité du corps. [...] Avoir conscience, c'est précisément avoir du temps » [1].

1. TI, p. 179.

CHAPITRE IV

LA FÉMINITÉ

Cette impossibilité principielle pour un livre [= Totalité et infini] *d'avoir été écrit par une femme n'est-elle pas unique dans l'histoire de l'écriture métaphysique ?*
J. Derrida

La « féminité » est une notion de tout premier ordre dans la phénoménologie lévinassienne. Apparaissant dès *Le temps et l'autre*, elle change cependant de statut dans *Totalité et infini*[1]. D'une figure paradigmatique de l'altérité dans le texte de 1948, elle se transforme en un maillon décisif du *rapport* entre le même et l'autre dans le chef-d'œuvre de Levinas. Ce qui, dans *Le temps et l'autre*, est accompli grâce au *temps*, sera assuré en 1961 par la catégorie de la « femme ». Ou ce changement s'expliquerait-il par une « dépersonnalisation », une « défiguration », de la transcendance et de l'altérité radicale ?

* * *

1. Plus tardivement, dans *Autrement qu'être ou au-delà de l'essence*, la figure de la féminité réapparaît encore une fois dans le concept de « maternité » que Levinas met en rapport, d'une manière certes assez implicite, dans le chapitre III, avec la « pré-naissance ou pré-nature à laquelle remonte la sensibilité » et, plus implicitement encore, dans le chapitre II, avec la structure de la subjectivité en tant qu'« Autre dans le même ». Sur ce point, *cf.* Y. Murakami, *Hyperbole. Pour une psychopathologie lévinassienne*, Amiens, Mémoires des Annales de Phénoménologie, 2008 (chapitre II).

Dans *Le temps et l'autre*, la figure de la « féminité » intervient à un moment où Levinas *a déjà établi* le rapport à l'autre (et ce, grâce au temps, nous y reviendrons). Dans l'économie des présentes réflexions, l'exposition de cette figure n'est, en réalité, pas encore tout à fait à sa place, puisque, jusqu'à présent, nous n'avons pas encore pu reconstruire ce qui rend ce rapport d'abord *possible* (mais c'est précisément l'objet de ce chapitre que de procéder à cette reconstitution !). Nous préférons tout de même faire cette parenthèse ici, car le rôle précis de la féminité dans *Totalité et infini* n'apparaîtra dès lors qu'avec d'autant plus d'éclat.

Levinas introduit en effet la « féminité », dans *Le temps et l'autre*, pour mettre en évidence une situation où « *l'altérité de l'autre apparaît dans sa pureté* ». Cela signifie qu'elle apparaît de telle sorte que *le fait que nous puissions être en rapport avec elle n'affecte en rien son altérité*. Dans les termes (plus tardifs) de *Totalité et infini* : le rapport à cette altérité ne la réintègre pas et ne la fait pas retomber dans une quelconque forme de totalité.

D'une manière formelle, le « viril » et le « féminin » ne constituent ni une différence *spécifique*, ni une *contradiction*, ni une dualité de deux termes *complémentaires* (supposant un *tout* préexistant) – ce qui explique pourquoi on peut leur substituer d'autres catégories (par exemple celles de la « volupté » et de la « non signifiance », cf. *infra*). Le féminin, loin de se laisser saisir et identifier de quelque manière que ce soit, *se retire* et *se dérobe*. Le féminin est *mystère* et *pudeur*. Mais à quoi le féminin se dérobe-t-il exactement ?

Le féminin se dérobe à la *lumière*. Cette notion doit être prise dans le double sens à la fois de ce qui rend possible la vision de tout étant *sensible* et de ce qui constitue l'horizon du voir *intelligible*. Mais le rapport à cette altérité ne se réduit pas à cette perspective « cognitive » ou « gnoséologique » : s'il n'est pas un rapport de *connaissance*, il n'est pas non plus – contrairement à ce qui ressort des discours « sophistiques » du *Banquet* – un rapport de *pouvoir* (de « fusion » ou de « lutte »). Aussi le rapport au féminin n'est-il pas un rapport *conscientiel*. Le féminin est certes « de même rang » que la conscience intentionnelle, mais le « mouvement est *inverse* ». – Notons, en anticipant, que cette « inversion » du mouvement intentionnel ne signifie pas encore la *suspension* du rapport intentionnel (et de la phénoménalité) qui caractérisera en propre le *visage* (cf. *infra*). – Si Levinas n'hésite pas à qualifier ce rapport comme relevant du « mystère », il n'en *ouvre* pas moins (mais ne l'accomplit pas encore) la perspective d'un rapport non intentionnel à la transcendance, lequel rapport dénote l'absence de l'*autre* : « non pas absence pure et simple, non pas absence de pur néant, mais absence dans un horizon d'avenir, une absence qui est le temps »[1].

L'illustration concrète de ce rapport très particulier est la « *caresse* ». La caresse n'a pas d'« objet », elle ne vise rien ou plutôt : tout en étant « contact » d'un autre, ce qu'elle vise est au-delà de ce contact. Elle n'est ni visée intentionnelle, ni projet relevant du *Dasein*. « Elle est comme un jeu avec quelque chose qui se dérobe, et un jeu absolument sans projet ni plan, non pas avec ce qui peut devenir nôtre et nous, mais avec quelque chose d'autre, toujours autre, toujours inaccessible, toujours à venir. La caresse est l'attente de cet avenir pur, sans contenu »[2].

* * *

Au cours des développements, dans *Totalité et infini*, sur la demeure et la possession (deuxième « catégorie » qui faisait

1. TA, p. 83 *sq*.
2. TA, p. 82.

suite à la jouissance), nous avons rencontré une « ambiguïté » qui s'exprimait déjà dans la *corporéité* et dans la *conscience*. Comme nous le verrons, cette ambiguïté tient à un « événement nouveau », à ce que Levinas appelle ici la « *féminité* », qui certes rend ce « passage » possible et joue donc implicitement au niveau de la demeure, mais constituera ensuite, à un niveau encore « supérieur » au sein du mouvement de « transascendance » caractérisant cette œuvre, le premier moment de l'altérité.

En effet, la *familiarité* dont il a été question plus haut n'est pas concevable pour un *Dasein* dans son rapport *solitaire* avec le monde. Sans Vendredi, l'île de Robinson Crusoé n'offrirait pas le « confort » ou la « familiarité » du « *In-Sein* », du « *Innan-* »[1]. Là encore, Levinas cherche à retourner Heidegger contre lui-même : la familiarité qui s'exprime dans le « *Insein* » n'est pas possible sans un rapport originaire à autrui. Levinas interprète, quant à lui, cette intimité familière en termes de « présence » et d'« absence » (ou de « retrait »). La figure qui constitue la condition du recueillement est donc désignée par Levinas comme « altérité féminine ». Analysons, dans un premier temps, le statut intermédiaire de cette figure entre le « moi » et l'altérité du « visage ».

L'expérience d'autrui se présente pour Levinas à *deux* niveaux. Autrui au sens propre est *interlocuteur* – nous y reviendrons dans notre chapitre sur le langage. Mais *en amont* du rapport à Autrui comme *visage*, il y a un rapport plus intime, selon le mode langagier du *silence*. Ce rapport est celui du « Je-Tu », introduit par Martin Buber dans son célèbre ouvrage *Ich und Du* (1935). Ce « Je-Tu » est le « mot fondamental

1. *Cf.* le § 12 de *Sein und Zeit* (Tübingen, Niemeyer, 1963 (10e éd.)) où Heidegger s'essaie à une étymologie du verbe « innan- », « in sein … » (« être à » (notamment dans « être-au-monde »), littéralement « être dans »).

[*Grundwort*] » ouvrant à l'autre *en inversant le rapport intentionnel.* Il est la *condition*[1] de tout langage, mais ne relève *pas encore* proprement du langage – voilà en tout cas comment Levinas se démarque de Buber sur ce point dans *Totalité et infini.* Ici, cette entente sans mot a lieu, nous venons déjà de l'effleurer, dans la relation avec la «*femme*». Aussi faut-il donc distinguer entre, d'une part, autrui accueillant dans l'intimité et, d'autre part, Autrui, comme visage, qui me sollicite. Celui-là

> se situe sur un autre plan que le langage et ne représente nullement un langage tronqué, balbutiant, encore élémentaire. Tout au contraire, la discrétion de cette présence, inclut toutes les possibilités de la relation transcendante avec autrui. Elle ne se comprend et n'exerce sa fonction d'intériorisation que sur le fond de la pleine personnalité humaine mais, qui, dans la femme, peut précisément se réserver pour ouvrir la dimension de l'intériorité. Et c'est là une possibilité nouvelle et irréductible, une défaillance délicieuse dans l'être et source de la douceur en soi[2].

Dans la familiarité, la séparation *s'accomplit dans son rapport au monde.* Cela amène Levinas à réinterpréter une nouvelle fois l'« exister » du *Dasein.* « Exister » ne signifie pas « sortir de soi vers l'étrangeté du monde », ni non plus « être tenu dans le néant »[3], mais *demeurer*, ce qui implique là encore un *double mouvement* : « Demeurer, n'est précisément pas le simple fait de la réalité anonyme d'un être jeté dans l'existence comme une pierre qu'on lance derrière soi. Il est un *recueillement*, une *venue vers soi*, une *retraite chez soi* comme dans une terre d'asile, qui répond à une *hospitalité*, à une *attente*, à un

1. HS, « À propos de Buber : quelques notes », p. 58.
2. TI, p. 166.
3. Nous verrons un peu plus loin ce que Levinas fait du *comprendre* qui est l'autre caractéristique fondamentale de l'exister (en dehors de la sortie de soi, de l'ouverture extatique vers ...).

accueil humain »[1]. L'essentiel, ici, est effectivement que, dans l'exister, la *sortie de soi* est *ipso facto* une *venue vers soi.* Et ce double mouvement n'est pas – contrairement à ce que Heidegger développe à propos du fondement de la « transcendance » – médiatisé *temporellement* (*cf.* le caractère *extatique* de l'« avenir originaire »[2]), mais implique donc une (première) dimension d'*altérité* que, à présent, nous allons essayer de cerner plus précisément.

Les deux premiers concepts que nous avons retenus dans cette reconstitution du mouvement « transascendant » étaient la jouissance où je « baigne » dans les éléments et la demeure rendant possible la possession des choses. Cette dernière constitue un « arrachement » aux éléments. Cet arrachement n'est à son tour possible que si j'ai été « en relation avec quelque chose dont je ne vis pas. Cet événement est la relation avec Autrui qui m'accueille dans la maison, la présence discrète du féminin »[3]. *Le féminin n'intervient pas encore ici comme cette altérité radicale ouvrant au discours et au langage, mais, plus* discrètement, *afin de rendre possible l'arrachement à l'immersion dans les éléments.* S'il est la *condition nécessaire* de la représentation – parce que, pour cela, il faut la négation de la possession, qui suppose sa mise en place assurée justement par le féminin – il n'en est nullement la condition suffisante : celle-ci requiert non pas l'altérité *discrète* du féminin, mais l'altérité *indiscrète* du visage, altérité radicale dont il sera question plus loin.

Nous voyons ainsi que cette deuxième « occurrence » du féminin joue un rôle qui, à présent, est déterminé de façon plus précise que cela n'avait encore été le cas dans *Le temps et*

1. TI, p. 166. (nous soulignons).

2. Cf. *En deçà du sujet*, *op. cit.*, p. 240. Nous reviendrons sur ce point dans le chapitre VI.

3. TI, p. 185.

l'autre. Alors que, dans l'ouvrage de 1948, le féminin œuvrait comme concrétisation de l'altérité, dans *Totalité et infini*, il s'intercale pour ainsi dire entre la jouissance du moi et la possession, constituant par là un niveau « primordial » de l'intersubjectivité qui n'est nullement la sphère primordiale husserlienne de la *Cinquième Méditation Cartésienne* (laquelle suppose l'*épochè* particulière de *toute constitution intersubjective*), mais une relation Je-Tu silencieuse, pré-langagière. Cela ne constitue toutefois pas le dernier mot de Levinas sur le féminin. Celui-ci apparaîtra encore une *troisième fois*, non pas sur le plan du visage, mais « au-delà du visage ». Approchons à présent cette troisième fonction, à première vue surprenante.

* * *

La catégorie de la féminité est essentiellement caractérisée, selon Levinas, par une *ambiguïté*[1] fondamentale. Cette ambiguïté est celle de l'« en deçà » et de l'« au-delà ». « En deçà » et « au-delà » vis-à-vis de quoi ? Vis-à-vis du *visage* et de la *signification*. Mais avant de préciser ce point, il faut d'abord traiter d'un autre double aspect de cette catégorie de la féminité.

La féminité est à la fois extrême *fragilité* et *présence* (« *ultramatérialité* ») exorbitante, *pudeur* et *nudité exhibitionniste*[2]. Elle est « fragilité » – ce qui ne veut pas dire qu'elle

1. Nous y reviendrons dans le chapitre « *Éros* ». C'est ce concept d'« ambiguïté » qui constitue le lien entre les deux occurrences de la féminité dans *Totalité et infini*.

2. Et on pourrait se demander si la « station hystérique » (à la fois immédiate présence à soi et totale ouverture au monde, à l'autre), mise en évidence par J.-C. Goddard dans son ouvrage *Violence et subjectivité. Derrida, Deleuze, Maldiney*, Paris, Vrin, 2008, n'est pas une figure par excellence de la catégorie de la « féminité » (à moins que ce soit l'inverse !).

aurait un être instable, mais qu'elle est à la limite de l'être et du ne pas être. Plus précisément, elle est « fuite en soi au sein même de sa manifestation »[1], ce qui renvoie, bien entendu, à la dualité manifestation/retrait, exprimant une pudeur, qui nous est familière depuis *Le temps et l'autre*. Et elle est « paroxysme de matérialité » – ce que Levinas entend d'abord dans un sens physique et sensuel (et pas du tout matérialiste), et ensuite dans un sens bel et bien phénoménologique : en effet, elle est « non signifiance ». Que Levinas veut-il dire par là ?

Comme il apparaîtra dans le chapitre suivant, et surtout dans le chapitre sur le *visage*, la signifiance désigne, chez Levinas, un signifier *immédiat*, *par soi-même*, non médiatisé par un signe. Le *visage* est précisément le paradigme d'un tel *phénomène immédiat*. Par ailleurs, la signifiance *coïncide avec l'extériorité*, « l'extériorité est la signifiance même »[2]. Or, dans la mesure où la féminité est *non signifiance*, elle est en deçà de l'extériorité du visage, en deçà, donc, nous l'avons vu, du rapport intersubjectif.

En réalité, ces deux aspects caractérisant le féminin[3] aboutissent à la même conclusion : *la féminité est autant apparition que retrait* et ce, qu'on l'aborde du point de vue de la pudeur (vulnérabilité) ou de l'impudeur (lascivité exhibitionniste). Mais en quoi met-elle donc en œuvre un « au-delà du visage » ?

La féminité est *virginité*. Virginité « à jamais inviolée ». Apparition à ce point pure qu'elle se dérobe sans cesse, et pure *parce qu'*elle ne cesse de se dérober. Ce retrait n'est nullement

1. TI, p. 286.
2. TI, p. 293.
3. « La simultanéité ou l'équivoque de cette fragilité et de ce poids de non-signifiance, plus lourd que le poids du réel informe, nous l'appelons *féminité* », TI, p. 287.

provisoire. Il renvoie à un « avenir situé au-delà de l'avenir où scintillent les possibles »[1].

La manière dont l'amant se porte vers la féminité s'atteste *phénoménologiquement*, « corporellement », dans la *caresse* – et *Totalité et infini* confirme par là une analyse qui nous est déjà familière de *Le temps et l'autre*. Cependant, ce qui apparaît plus clairement dans l'ouvrage de 1961, c'est le mouvement *extrême* qui la motive : au-delà de tout rapport intentionnel, la caresse – que l'on peut au mieux appeler une « intentionnalité de recherche » – renvoie (sur le plan *formel*, bien entendu) à la « responsabilité » (cf. *infra*) en ceci que ce qu'elle cherche à « dire » (alors qu'elle est rigoureusement non langagière), elle le cherche – sans jamais y parvenir – d'une faim qui *ne cesse de croître*. « Elle va donc plus loin qu'à son terme, elle vise au-delà d'un étant, même futur qui, comme *étant* précisément, frappe déjà à la porte de l'être »[2]. Ce qui est ainsi « visé », mais complètement « à vide », est un « moins que rien », « futur à jamais futur », inanticipable, « au-delà » qui transcende tout possible.

Enfin, la « *corporéité* » même du féminin est naturellement tributaire de ces rapports (entre l'être et le « ne pas être »). Le corps de l'Aimée est en quelque sorte une quatrième dimension de la corporéité – au-delà du corps physique (« *Körper* »), du corps vivant (« *Leib* ») et même du « corps-expression » caractérisant le *visage*. Pour en rendre compte, Levinas s'inspire de Mallarmé : « Il se manifeste sur la limite de l'être et du ne pas être, comme une douce chaleur où l'être se dissipe en rayonnement, comme l'"incarnat léger" des nymphes dans l'*Après midi d'un faune* qui "voltige en l'air assoupi de sommeils touffus", se désindividuant et s'allégeant de son

1. TI, p. 292.
2. TI, p. 288.

propre poids d'être, déjà évanescence et pâmoison [...] »[1]. Le caractère *virginal* du corps de l'Aimée traduit ce statut entre l'être et le non-être, au-delà de l'étant.

* * *

Récapitulons. La féminité apparaît au moins à trois reprises dans l'œuvre de Levinas (sans compter la figure de la « maternité » dans *Autrement qu'être ou au-delà de l'essence*). Dans un premier temps dans *Le temps et l'autre*, où ce concept désigne l'attestation concrète de l'altérité. Le rapport à l'altérité est caractérisé par une sorte d'« inversion » du rapport intentionnel : au lieu de se rapporter, dans une « ouverture », à un objet qui est par là « identifié » – incorporé, englouti, comme « même » – ce qui suppose son inscription dans un horizon de l'anticipable – il a affaire à ce qui se cache, à ce qui se dérobe, à ce qui est « pudique ». Le rapport « intentionnel » concret qui en témoigne (mais qui est justement « inversé ») est la *caresse*. Dans *Totalité et infini*, la féminité apparaît ensuite dans deux endroits différents – « en deçà » et « au-delà » du visage. Elle a d'abord une double fonction dans l'arrachement du moi à la jouissance : d'une part, elle est la condition de la *demeure*, proposant un *accueil* nécessaire au *recueillement*, qui est à son tour la condition de la *propriété* et de la *possession*, et, d'autre part, en constituant cet « événement nouveau » d'une *première* relation au-delà de l'immersion dans l'élémental, de la jouissance du vivre de ..., elle rend possible l'arrachement du moi au pur et simple égoïsme. Ensuite, elle désigne l'ambiguïté renvoyant, au-delà du visage[2], à un au-delà du possible. Nous y reviendrons encore une fois dans le chapitre « *Éros* ».

1. TI, p. 286.
2. « Le féminin offre un visage qui va au-delà du visage », TI, p. 291.

Disons enfin un mot sur la citation de Derrida à propos du statut de la féminité dans *Totalité et infini*, mise en exergue au début de ce chapitre. À quoi tient cette « impossibilité principielle », pour cet ouvrage, d'avoir été écrit par une femme? Qu'est-ce qui est dit ici sur le féminin qu'une femme n'aurait pas pu dire – et pour quelle(s) raison(s)? Derrida insinue-t-il par là que les pages de Levinas, sur ce sujet, dissimuleraient un certain propos dépréciatif à l'égard de la femme? Ou bien que l'écriture de Levinas dévoilerait pour la première fois une différence sexuelle sur le plan même de la *pensée* – différence de *genre* (mais non pas de *valeur*!) à laquelle Derrida souscrirait à son tour? Si l'on rencontre parfois, chez Levinas, des phrases qui peuvent paraître troublantes pour peu qu'on les isole de leur contexte[1], il faut bien voir que la position prise délibérément par Levinas vis-à-vis de la question du genre – à savoir la décision de s'exprimer « contre la philosophie du Neutre », « le seul genre que la logique formelle connaisse »[2]

1. Par exemple : « La faiblesse de la féminité invite à la pitié pour ce qui, en un sens, n'est pas encore, à l'irrespect pour ce qui s'exhibe dans l'impudeur, et ne se découvre pas malgré l'exhibition, c'est-à-dire se profane » (TI, p. 294); « [l]e féminin est visage où le trouble assiège et déjà envahit la clarté. La relation – en apparence-asociale de l'éros, aura une référence – fût-elle négative au social. Dans cette inversion du visage par la féminité – dans cette défiguration qui se réfère au visage – la non-signifiance se tient dans la signifiance du visage. Cette présence de la non-signifiance du visage, ou cette référence de la non-signifiance à la signifiance – et où la chasteté et la décence du visage se tient à la limite de l'obscène encore repoussé, mais déjà tout proche et prometteur – est l'événement original de la beauté féminine [...] » (*ibid.*); « [l]'aimée ne s'oppose pas à moi comme une volonté en lutte avec la mienne ou comme soumise à la mienne, mais, au contraire, comme une animalité irresponsable qui ne dit pas de vraies paroles. L'aimée, revenue au rang de l'enfance sans responsabilité – cette tête coquette, cette jeunesse, cette pure vie "un peu bête" – a quitté son statut de personne. Le visage s'émousse, et dans sa neutralité impersonnelle et inexpressive, se prolonge, avec ambiguïté, en animalité », TI, p. 295.

2. TI, p. 286.

– exige et implique – compte tenu du fait que, d'une part, il assume pleinement une philosophie de la subjectivité *qui le lie à son propre genre*, et que, d'autre part, la féminité se soustrait *par essence* à la généralité (propre au Même) – une forme d'écriture qui est forcément tributaire de sa propre constitution (masculine). Il n'en reste pas moins que Levinas est un *sujet vivant*, donc « *jemeinig* » (« mien ») (dans un sens plus radical encore que chez Heidegger), alors que la féminité est une *catégorie* – ce qui veut dire qu'un homme peut avoir des traits « féminins » (de même qu'une femme peut évidemment avoir des traits « virils »). – On pourrait toutefois se demander, à l'inverse, à quoi correspondrait une pensée incarnant la perspective non pas d'un sujet de la *jouissance* et de la *possession*, mais de l'*accueil* et du *retrait*? – Quoi qu'il en soit, lorsqu'on prend au sérieux ce renvoi à la différence entre un être singulier et une catégorie, la question de Derrida témoigne finalement d'une négligence eu égard à un aspect important de la méthode de Levinas dans *Totalité et infini*.

* * *

Au terme de cette reconstitution de la première partie du parcours « phénoménologico-dialectique », nous sommes parvenu – après nous être installé dans les catégories de la jouissance, de la possession et de la féminité – au seuil du « *visage* », ressaut extra-phénoménal (donc *non* phénoménal) qui suspendra tout rapport intentionnel, ouvrira sur l'extériorité transcendante et instituera l'humain. En privilégiant de la sorte la manière dont Levinas conçoit à chaque fois (sur un plan plutôt *formel*) le rapport entre le Même et l'Autre au sein de l'ouverture concrète du moi au monde, nous n'avons pas (encore) pu intégrer *tous* les aspects, riches et divers, des analyses de *Totalité et infini*. Or, pour être en mesure de rendre compte de la complexité du statut du visage et de son

« au-delà », nous devons d'abord, avant de traiter du visage et de son « épiphanie » proprement dits, cerner les apports – absolument décisifs – de Levinas eu égard aux concepts du « langage », du « temps » et de la « vérité ». En effet, en dehors des contributions importantes à la compréhension de ces notions en général, Levinas aborde, dans l'analyse de ces dernières, plusieurs aspects essentiels, relatifs au rapport à l'altérité, à autrui, qui clarifierons en même temps le statut de l'*éthique* dans la phénoménologie lévinassienne. Aussi, dans les trois chapitres suivants, interromprons-nous provisoirement la reconstitution du « mouvement ascendant » lévinassien, afin d'apporter ces éclaircissements qui se situent tous sur un *même* registre architectonique et devront de ce fait être lus dans leur *complémentarité*. Les analyses du langage, du temps et de la vérité renvoient les unes aux autres, et elles sont toutes traversées par une réflexion sur la *liberté* illustrant de la manière la plus puissante cet « écart »[1] caractérisant fondamentalement la subjectivité selon Levinas.

1. *Cf.* le début de notre Avant-propos.

CHAPITRE V

LANGAGE ET SIGNIFICATION

Bien que la philosophie du XXe siècle ait de toute évidence fait du *langage* l'un de ses concepts fondamentaux, il a fallu attendre la deuxième génération de phénoménologues pour voir une véritable *phénoménologie* du langage se faire jour. Même si Heidegger a livré avec *Unterwegs zur Sprache* un ouvrage remarquable sur le langage, c'est pourtant à Merleau-Ponty et à Levinas que nous devons l'idée que ce dernier est susceptible de constituer un champ spécifique au sein des recherches phénoménologiques. Malgré certaines proximités entre les deux élaborations (par exemple eu égard à la « solidarité profonde » entre la pensée et le langage, les soubassements langagiers du rapport intentionnel, etc.), le projet lévinassien se démarque de celui de Merleau-Ponty sur plusieurs points importants. Notre propos ici ne sera pas de procéder à une comparaison entre les deux penseurs sur ce sujet, mais – conformément à l'orientation générale de cet ouvrage – d'identifier la place du langage dans la phénoménologie lévinassienne de l'Autre, de l'extériorité, de la transcendance.

Le langage est le phénomène par excellence mettant en rapport le Même et l'Autre sans porter atteinte à la transcendance de l'Autre vis-à-vis du Même – Levinas va même jusqu'à dire que le rapport du Même et de l'Autre *est* le langage. Comment justifier une telle affirmation ?

Le langage – ou le « discours » – est extatique – mais d'une extaticité qui ne s'absorbe pas et ne se perd pas dans cette extase. Plus exactement, il met en œuvre une sortie de soi (vers l'autre) qui n'altère pas l'ipséité du moi. À cet égard, il est coextensif et en connivence avec la manière dont le moi « séjourne » au monde. Mais le langage n'est pas simple « séjour », il est « expression » qui dénote la présentation d'autrui à moi, ce que Levinas appelle l'« événement originel de la signification ». Avant de revenir à la première question, nous nous arrêtons un instant sur ce dernier point.

* * *

Levinas développe une théorie fort originale de la signification qui s'oppose une fois de plus à celle de Heidegger. Pour l'auteur de *Sein und Zeit*, nous l'avons rapidement évoqué plus haut, la signification se produit dans et par les rapports de « tournure » (« *Bewandniszusammenhänge* ») constitués par les renvois (de signification) des « ustensiles » à leur *origine* (les productions du *Dasein*), d'un côté, et à leur *finalité* (laquelle est également en vue de ce même *Dasein*), de l'autre. Ainsi, pour Heidegger, la signification, avant d'être « idéale » (et théorique), se dévoile d'abord dans les comportements *pratiques* de l'existence humaine.

Si cette conception doit être comprise comme une critique de la conception husserlienne (explicitée dès les *Recherches Logiques*), selon laquelle toute signification est ancrée dans un *acte intentionnel* – avec une priorité évidente du « théorétique » sur le « pratique », du « thétique » (ou « doxique », comme dirait M. Richir) sur toute dimension d'horizon dérivée –, la doctrine lévinassienne de la signification constitue apparemment une sorte de retour à Husserl. La position de Levinas est ici logique et cohérente : de même qu'il défend un attachement très ferme à la subjectivité, il préconise en même temps un certain « objectivisme théorique » en ce sens que tout rapport pratique à l'objet suppose et nécessite un soubassement théorique. Levinas de demander de façon rhétorique : « La signification pratique est-elle [...] le domaine originel du sens ? Ne suppose-t-elle pas la présence d'une *pensée* à laquelle elle apparaît et aux yeux de laquelle elle acquiert ce sens ? Suffit-elle, par son propre processus, à faire surgir cette pensée ? » [1].

En fait, la théorie lévinassienne de la signification s'appuie sur une *double* critique – d'abord sur celle de Husserl et ensuite, donc, sur celle de Heidegger. D'une manière générale, l'on peut distinguer entre deux conceptions fondamentales de la signification – l'une pré-phénoménologique, l'autre proprement phénoménologique. La signification tient ou bien à une *relation* mobile ou bien à une fixation *intuitive*. La *première* conception est par exemple celle du dernier Platon et de Hegel. Toute signification se détache dans la différence d'avec d'autres significations avec lesquelles elle est donc *en relation* – on peut alors dire que, en quelque sorte, elle est toujours en « mouvement » et qu'elle ne présente pas un contenu fixe. – Et pour qu'elle ne s'estompe pas dans des renvois infinis, elle suppose (selon Hegel, en particulier) une *totalité* assignant à chacune d'elle son « lieu » et son unicité. – Selon l'*autre* conception, qui est celle de Husserl (et qu'il ne faut pas confondre avec, d'une part, celle du premier Platon et, d'autre part, celle de Fichte, même si, par des aspects à chaque fois différents, elle n'en est pas totalement éloignée), la signification ne se constitue pas dans une sorte d'auto-mouvement, mais elle s'inscrit dans une *corrélation où elle est fixée par une intuition* (pour laquelle elle se détache comme « contenu »). Levinas précise : « [Husserl] apporte l'idée d'une signification et d'une intelligibilité intrinsèque du contenu comme tel, de la luminosité d'un contenu (dans la clarté plus encore que dans la distinction qui est relativité, puisqu'elle détache l'objet

1. TI, p. 95 (nous soulignons).

d'autre chose que lui). Mais il n'est pas certain que cette autoprésentation dans la lumière puisse avoir un sens par elle-même. Et l'idéalisme, la *Sinngebung* par le sujet, achève tout ce réalisme du sens »[1]. Selon sa lecture, la signification se constitue alors, d'après Husserl, dans un acte intentionnel (appelé « intention de signification » ou « acte signitif ») qui *appréhende* (ou « anime ») un contenu sensible (nommé « contenu d'appréhension »), ce qui ne veut pas dire qu'il *construirait* l'objet apparaissant à partir de ce contenu dans une genèse psychologique, car cela supposerait la priorité d'une donnée empirique, mais que la signification éclot effectivement à même ou à partir de ce contenu, ou encore qu'elle « s'autoprésente ». Personne (parmi les phénoménologues post-husserliens et post-heideggeriens) n'a mieux compris que Levinas la véritable portée (au-delà de la seule analyse intentionnelle) de la doctrine husserlienne de la signification : celle-ci n'est pas fondée dans quoi que ce soit, elle est une « *autoprésentation "intrinsèque"* ». Ce qui, bien entendu, n'empêche pas pour autant Levinas de formuler une critique fondamentale à l'encontre de cette doctrine.

Or, cette critique ne revient pas à celle que Heidegger a adressée à Husserl (elle sera plutôt une critique de cette critique !). Heidegger a bien vu, et Levinas reprendra tout d'abord cette idée à son compte, que cette conception d'une « autoprésentation » de la signification ne va pas du tout de soi. Mais Levinas emprunte en effet une autre voie que Heidegger.

Alors que la perspective *théorétique* de Husserl conduisait celui-ci à fonder la signification dans l'autoprésentation évoquée, Heidegger faisait reposer, nous l'avons déjà dit, tout acte *objectivant* dans un comportement *pratique* – et dans la mesure où tout comportement renvoyait en dernière instance

1. TI, p. 96.

au *Dasein*, la signification était alors elle aussi ramenée à l'« en-vue-de-soi-même [*Um-seiner-selbst-Willen*] » de ce même *Dasein*. Mais cela implique alors que la signification est nécessairement *finie, puisqu'elle est tributaire d'un terme qui est fin de lui-même* : « [l]e processus auquel les êtres emprunteraient leur sens ne serait pas seulement fini en fait, mais en tant que finalité, il consisterait *par essence* à aller à un terme, à finir »[1]. Or, la conception lévinassienne de la signification s'inscrit totalement en faux par rapport à une telle configuration – et c'est donc en cela que consiste sa « critique de la critique » : pour lui, *la signification n'est nullement finie, elle n'est « aboutissement » d'aucune sorte*. Et cette compréhension n'est d'ailleurs pas incompatible avec les conceptions de Husserl et de Heidegger : la signification n'est pas une présence en chair et en os, elle n'est jamais achevée ni close, elle ne saurait être une « présence complète ». En termes husserliens : la signification n'est pas un « remplissement » (de quelque chose de simplement visé) ; en termes heideggeriens : la signification n'est jamais que « projetée ». En termes lévinassiens : « la signification ne se maintient que dans la *rupture* de l'unité ultime de l'être satisfait. Les choses commencent à prendre une signification dans le souci de l'être encore "*en route*" »[2].

C'est le *langage* qui rend possible toute signification, et c'est aussi le *langage* – et non pas n'importe quel comportement pratique – qui rend possible toute objectivité. « *L'objectivité* [...] *se* POSE *dans un discours, dans un* ENTRE-TIEN *qui* PROPOSE *le monde* »[3]. On voit donc comment se justifie l'idée que le rapport du Même et de l'Autre *est* le langage : conformément à ce que Merleau-Ponty avait déjà établi dans la

1. TI, p. 96.
2. TI, p. 96 (nous soulignons).
3. TI, p. 97.

Phénoménologie de la perception, le langage n'est pas une simple profération d'« idées » ou de « concepts » « intérieurs », mais l'échange langagier, la conversation – et notamment *l'enseignement* – instituent les pôles « entre » lesquels « se tient » tout ce qui est (et tout ce qui apparaît ensuite comme « objectif »). Ce n'est pas l'objectivité, assurée par des actes (subjectifs) de synthèse, qui est au fondement de toute extériorisation verbale, mais c'est le langage qui pose d'abord toute objectivité – Levinas écrit à ce propos d'une façon tout à fait tranchante : « [l]e langage conditionne la pensée » [1]. Mais en quoi cela engage-t-il alors l'Autre ?

Le langage est par essence rapport à l'Autre – et il s'agit là d'un *double* rapport, car, d'un côté, il se rapporte et ouvre à Autrui (à « l'infini d'Autrui ») et, de l'autre côté, il émane d'Autrui – en un mot, il « présente [au double sens de donner à voir et de posséder une caractéristique] le transcendant ». On pressent dès lors quelles sont les conséquences absolument décisives du fait de faire reposer tout rapport à l'objet sur le *langage* : *le rapport du sujet à l'objet ne relève jamais d'un rapport « solitaire » ou « solipsiste », il sort par essence du Même* – ce que Levinas exprime en ces termes : « [l]a signification ou l'intelligibilité ne tient pas à l'identité du Même qui demeure en soi, mais au visage de l'Autre qui en appelle au Même » [2]. La critique lévinassienne du « tournant » pragmatique (mis en œuvre par Heidegger) qui consistait à fonder toute signification non pas dans une conscience objectivante, mais dans un rapport de « tournure », revient donc à tout autre chose qu'à un retour à cette conscience objectivante. Essayons à présent de cerner les divers aspects et implications des différentes dimensions d'altérité du langage, avant d'en analyser

1. TI, p. 224.
2. TI, p. 98.

les implications pour la conception lévinassienne de la signification.

* * *

1) « L'objectivité [...] se *pose* dans un discours, dans un *entre-tien* qui *propose* le monde. Cette *proposition* se tient entre deux points qui ne constituent pas de système, de cosmos, de totalité »[1]. Levinas veut dire par là que le rapport à l'Autre ne se laisse pas intégrer dans une perspective totalitaire et nécessite ainsi une approche originale. Mais quels sont ici les « deux points » ?

Revenons encore une fois à l'idée que la signification ne saurait être une « présence complète ». Ce caractère non original de la signification a aussi un autre sens : il indique que le sensé renvoie à un signifiant – qui n'est autre qu'Autrui ! Les deux points évoqués sont alors le Moi et Autrui qui ne forment pas, nous insistons, une totalité. Mais dans la mesure où la proposition « propose le *monde* », nous sommes en réalité en présence de *trois* points : Moi, Autrui et le monde. Tout l'immense mérite de Levinas – ce qui fait en même temps toute la difficulté ici – est de comprendre que cette triade n'est pas une médiateté (qui se substituerait aux structures intentionnelles), mais une *immédiateté*.

Nous avons affirmé plus haut que la particularité de la phénoménologie transcendantale lévinassienne consistait dans le fait d'être « sans phénoménalité ». C'est le moment de nous expliquer sur ce point. Levinas est extrêmement dubitatif – pour ne pas dire sceptique – eu égard à la nécessité de tenir à et de maintenir la *phénoménalité*. Il a retenu à jamais cette leçon fondamentale de Platon selon laquelle tout étant est menacé de ne pas être dissociable de son « simulacre » simple-

1. TI, p. 97.

ment *apparent* – ce qui vaut *a fortiori* de l'*apparition* et donc du *phénomène*[1]. (Nous verrons plus loin que seul le *visage*, dans son « dénuement » et son « immédiateté », aura ce pouvoir « désensorcelant » qui introduira « la franchise première » – celle de la révélation – et qui, en donnant une signification au monde, lèvera l'inévitable équivoque de la phénoménalité.) Sa phénoménologie, qui donne la priorité à l'étant au détriment de l'être (cf. *supra*), est toujours soucieuse de ne pas perdre le contact avec la « *substantialité* » (et nous savons déjà que la « possession » joue à cet égard un rôle essentiel). Autrement dit, elle cherche à sortir des impasses de l'intériorité, d'une phénoménalité, donc, « comprise comme réalité sans réalité »[2]. Et cela implique également ce renoncement radical, évoqué à l'instant, à toute position qui admet que seule *l'ouverture de l'être* permette un rapport à l'étant. En un mot : Levinas cherche donc effectivement à penser l'*immédiateté*, « rapport » *direct* qui n'est possible que dans la proposition[3], c'est-à-dire comme *langage* : « L'immédiat est l'interpellation et, si l'on peut dire, l'impératif du langage. L'idée du contact ne représente pas le mode originel de l'immédiat. Le contact est déjà thématisation et référence à un horizon. L'immédiat, c'est le face à face »[4]. Levinas résume cette critique de la phénoménalité et la manière dont le langage assure ce « rapport » immédiat dans des termes très édifiants :

> L'apparition est une forme figée dont quelqu'un s'est déjà retiré, alors que *dans le langage s'accomplit l'afflux ininter-*

1. Voir TI, p. 90 et 174. Nous y reviendrons dans le chapitre IX. Cette idée a d'ailleurs été rappelée et rendue fructueuse – certes d'une autre manière – dans la phénoménologie française contemporaine par M. Richir, *cf.* notre ouvrage *Le sens se faisant, op. cit.*

2. TI, p. 234.

3. « [L]a proposition rapporte le phénomène à l'étant, à l'extériorité, à l'Infini de l'Autre que ma pensée ne contient pas », TI, p. 101.

4. TI, p. 44. Voir déjà EE, p. 162 et TA, p. 89.

rompu d'une présence qui déchire le voile inévitable de sa propre apparition, plastique comme toute apparition. *L'apparition révèle et cache, la parole consiste à surmonter*, dans une franchise totale, toujours renouvelée, *la dissimulation inévitable de toute apparition. Par là même se donne un sens – une orientation – à tout phénomène*[1].

La première caractéristique du langage réside ainsi dans le fait de constituer ce « rapport » *immédiat*, en lieu et place de la « phénoménalité », qui permet de sortir de l'intériorité, c'est-à-dire de toute « réalité *sans réalité* »[2]. Voyons maintenant comment, positivement, le langage présente l'altérité.

2) Levinas élabore et défend une conception tout à fait nouvelle du langage. Le langage, événement irréductible à la conscience qui « détruit le concept de l'immanence », transcende l'unité d'un genre. Loin d'être soumis aux lois de la logique formelle, il « met en parole » ou « en voix » (l'équivalent allemand serait le verbe « *ansprechen* »), ce qui reste à jamais dans un rapport asymétrique avec celui auquel il s'adresse. Le langage est d'abord *manifestation*, *présentation* de la *transcendance*. Plus exactement, en lui, « la manifestation et le manifesté coïncident, le manifesté assiste à sa propre manifestation et, par conséquent, reste extérieur à toute image qu'on en retiendrait »[3]. À ce titre, il est le véhicule par excellence de l'altérité en tant que celle-ci dépasse justement toute communauté du genre. Le rapport précis qui s'accomplit par là est un rapport de *sollicitation* : « *Parler, au lieu de "laisser être", sollicite autrui* »[4]. Bien que ce ne soit là que la

1. TI, p. 100 (nous soulignons).

2. Nous reviendrons sur cette notion d'« immédiateté » au chapitre VIII.

3. TI, p. 330. Levinas précise encore, à travers une formule prégnante, que « [l]e langage est le dépassement incessant de la *Sinngebung* par la signification », *ibid.*

4. TI, p. 212.

structure *formelle* du langage (au sens lévinassien), on entrevoit déjà en elle ce qui constituera « l'inviolabilité éthique d'Autrui ».

3) L'« œuvre formelle » du langage étant clarifiée, nous pouvons maintenant préciser en quoi consiste l'« *essence éthique* du langage ». Le terme central dans ce contexte est celui de l'« *expression* ».

Dans l'expression, un être se présente lui-même, mais de telle manière qu'il sollicite et en appelle à ma responsabilité. Pour le dire dans un langage heideggerien et gadamerien, l'expression « met hors circuit » le « cercle herméneutique » puisque, et nous y reviendrons, elle constitue la « première » intelligibilité qui « *commande inconditionnellement* »[1]. « S'exprime » ici littéralement une « expérience morale concrète » – indiquant une « *asymétrie métaphysique* » ou encore ce qu'il appelle à plusieurs reprises la « dissymétrie de l'espace intersubjectif » – qui sous-tend toute la phénoménologie lévinassienne, à savoir que « ce que je me permets d'exiger de moi-même, ne se compare pas à ce que je suis en droit d'exiger d'Autrui »[2]. Le corrélat de cette asymétrie est l'ouverture à une « parole d'honneur »[3] auquel se réfère nécessairement tout langage.

* * *

Nous pouvons à présent en venir à la conception lévinassienne de la signification en intégrant la dimension de l'*altérité* qui en fait l'originalité vis-à-vis des autres théories phénoménologiques de la signification. Parmi ces dernières, il faut nommer en premier lieu celles de Husserl, Heidegger et

1. TI, p. 220.
2. TI, p. 46.
3. TI, p. 221.

Merleau-Ponty dont nous rappellerons encore une fois brièvement les lignes de force.

Selon *Husserl*, nous l'avons vu, la signification est constituée dans des actes intentionnels spécifiques de la subjectivité transcendantale constituante qu'il appelle les « actes signitifs ». Ceux-ci ne sont fondés sur rien (on peut juste dire, *après coup*, c'est-à-dire en particulier grâce à l'*analyse* intentionnelle, qu'ils « animent » ou « appréhendent » des « contenus » sensibles), mais donnent lieu à une « autoprésentation » – ce qui pose un certain nombre de difficultés.

Pour *Heidegger*, nous l'avons vu également, la signification n'est pas constituée dans ou par une « subjectivité transcendantale » dont le rapport au monde s'effectuerait toujours d'abord sur une base *théorétique*, mais dans des rapports de « finalité » (de « tournure »), donc essentiellement « pratiques », renvoyant en dernière instance aux « projets » du *Dasein* « en vue de » lui-même. Heidegger cherche par là à esquiver l'énigme d'une « autoprésentation » de la signification, en ramenant cette dernière au *Dasein* (dans un sens, nous insistons, non *théorique*, mais *pratique*).

Le concept clef de la conception *merleau-pontienne* de la signification est celui d'« intentionnalité corporelle ». Merleau-Ponty l'introduit pour dévoiler, lui aussi, les insuffisances d'une conception – « idéaliste » – de la constitution de tout sens dans des « pensées pures », relevant de la subjectivité transcendantale. Il critique notamment le concept husserlien d'« *Einfühlung* [empathie] » qui n'est pas en mesure, d'après lui, de rendre compte de l'expérience d'autrui. Mais il n'en maintient pas moins – contre un *Dasein* désincarné et incorporel – l'idée d'une « *intentionnalité* "corporelle" » pour rendre compte de la spécificité (qui n'a évidemment rien à voir avec l'objectivité d'une « *chose* ») des phénomènes du « Je peux » du corps, en deçà de la disjonction en *ego* et *alter ego*. Donc, pour Merleau-Ponty, la signification ne se constitue pas dans la conscience transcendantale, mais, en amont, dans cette intentionnalité spécifique du « corps [*Leib*] » qui n'est pas encore un corps tout à fait individué (« subjectif ») et donc, en quelque sorte – pour reprendre encore une fois l'expression de Blanchot que Levinas utilise à plusieurs reprises – « neutre ».

La critique que Levinas adresse à Husserl est plus radicale que celle qu'à la fois Heidegger et Merleau-Ponty ont formulée à propos de la « conscience constituante »[1]. C'est bien Levinas qui creuse le plus la question de la fondation *langagière* de l'objectivité, en deçà de toute représentation. Il inverse – contre Husserl et Merleau-Ponty – le rapport représentation/signification : ce n'est pas la représentation qui est au fondement de la signification, mais c'est cette dernière qui rend possible la première. L'essence originelle du langage réside dans la « présentation du sens ». Or cela

> ne nous ramène pas à une conscience transcendantale constituant des objets [...]. Car les significations ne se présentent pas à la théorie, c'est-à-dire à la liberté constituante d'une conscience transcendantale ; *l'être de la signification consiste à mettre en question dans une relation éthique la liberté constituante elle-même*. Le sens c'est le visage d'autrui et tout recours au mot se place déjà à l'intérieur du face à face originel du langage. Tout recours au mot suppose l'intelligence de la première signification, mais intelligence qui, avant de se laisser interpréter comme « conscience de », est société et obligation.

1. Malgré toute l'admiration que Levinas a pour l'auteur de la *Phénoménologie de la perception*, il n'en critique pas moins le cadre conceptuel. Si l'« intentionnalité du corps » (ou l'« intentionnalité motrice ») opère certes en deçà de toute « synthèse active », elle s'inscrit, pour Levinas, toujours dans le cadre de la constitution d'un « objet intentionnel ». La conception lévinassienne de la signification s'oppose donc avec autant de détermination à celle de Husserl et de Heidegger qu'à celle de Merleau-Ponty.

> La signification – c'est l'infini, mais l'infini ne se présente pas à une pensée transcendantale, ni même à l'activité sensée, mais en Autrui ; il me fait face et me met en question et m'*oblige* de par son essence infinie. Ce « quelque chose » que l'on appelle signification surgit dans l'être avec le langage, parce que l'essence du langage est la relation avec Autrui [1].

Deux points absolument décisifs doivent ici attirer notre attention. 1) Levinas critique la « liberté constituante » de la « conscience transcendantale » au nom d'une relation « éthique » définie par la « mise en question de ma spontanéité par la présence d'Autrui »[2]. Avant d'être « cognitive » et « constituante », la conscience est « morale » ; avant de se replier dans la « solitude », elle est « société », dans un rapport d'« as-sociation »[3]. Cela ne veut pas simplement dire que Levinas reviendrait ici sur l'idée que l'homme est *de facto* (en raison d'un comportement social originaire) « animal politique ». La conscience sort effectivement d'elle-même. Mais Levinas corrige ici la conception heideggerienne. Avant d'être « extatique », d'une « transcendance »[4] sautant par dessus l'étant en rendant possible, par là, la rencontre de ce même étant (dans le cadre exclusif, soulignons-le, de la « compréhension »), elle sort d'elle-même parce qu'elle est *en relation originaire avec Autrui*. La présence d'Autrui n'implique pas un simple changement de sens de l'orientation intentionnelle (qui risquerait d'ailleurs d'empêcher de suffire aux « contraintes phénoménologiques minimales »), mais elle se situe à un niveau *pré-intentionnel* où il y a, en réalité,

1. TI, p. 266 *sq*.
2. TI, p. 33 (expression déjà citée plus haut).
3. TI, p. 103.
4. *Cf.* le chapitre IV de notre ouvrage *De l'existence ouverte au monde fini*, *op. cit.*

rupture de la corrélation (« noético-noématique »)[1]. La toute première sortie de soi est *sollicitation par Autrui*.

2) Nous sommes par conséquent ici au cœur d'une nouvelle « philosophie *première* » qui s'avère posséder un *double* sens. D'une part, la conscience morale constitue (dans la catégorie du « visage », *cf.* le chapitre VIII) *une* expérience fondatrice[2], « l'expérience par excellence »[3], en deçà de toute expérience *mienne* et *mondaine* (elle se substitue ainsi au « devancement de la mort », possibilité originaire rendant possible toute possibilité finie du *Dasein*). Cette expérience exprime et reflète en effet la transcendance, car, en elle, le sujet n'est pas encore « soi », il est en « société ». Levinas la caractérise comme étant la seule expérience « sans concept », « à la mesure d'aucun cadre *a priori* »[4]. Cette unicité de l'expérience marque l'« ultime événement » de l'être. À ce titre, elle se rapproche autant de la « possibilité extrême » se dévoilant dans l'« être-pour-la-mort » (*cf.* le chapitre suivant) que de l'« *Ereignis* » heideggerien (en lui prêtant évidemment un tout autre sens : en effet, dans *Identité et différence* (1957), Heidegger avait caractérisé l'« événement » comme un « *singulare tantum* »[5]). D'autre part, il s'agit aussi d'une « philosophie *première* » parce que nous nous situons ici à l'*origine du langage*, au niveau de « l'intelligence de la *première* signification ». Et c'est effectivement le *visage* – qui refuse par principe d'être contenu – qui est ici le *sens*, le « face à face originel du langage ».

1. TI, p. 45, 89, 328.

2. Les travaux de J.-L. Marion et de L. Tengelyi, qui cherchent à livrer – chacun à sa manière – une « analytique » non pas « existentiale », mais « *expérientiale* », se basent sur cette *expérience* originaire.

3. TI, p. 112.

4. TI, p. 103.

5. M. Heidegger, *Questions I*, Paris, Gallimard, 1968, p. 270.

Chapitre VI

LE TEMPS ET LA MORT

La phénoménologie lévinassienne du *temps* s'inscrit, dans *Le temps et l'autre*, dans une réflexion plus profonde sur le rapport entre la *subjectivité* et la *transcendance*. En 1948, une position définitive n'est toutefois pas encore acquise. Si le temps « est la relation même du sujet avec *autrui* », il concerne aussi bien « la relation au *Tout Autre*, au *Transcendant*, à l'*Infini* ». En revanche, cet ouvrage établit de manière stable et permanente que le temps nous éclaircit sur l'être du soi existant vis-à-vis de son exister d'abord anonyme.

Levinas développe d'une manière saisissante en quoi et comment la *conscience* ne surgit qu'avec le *temps*[1] – dans des considérations qui ne doivent d'ailleurs rien à Schelling, ni à Husserl, ni encore, sur le fond du moins, à Heidegger[2]. La conscience n'est pas originaire. Elle apparaît de façon « hypostasiée », ce qui signifie, pour Levinas, que l'existant se met en rapport avec son exister (il le « contracte ») à partir du moment où la « vigilance anonyme de l'*il y a* » subit une *rupture*[3].

1. Dans *De l'existence à l'existant*, Levinas pose de la même manière le « je » comme « ferment » et comme « dynamisme » du temps, EE, p. 158.

2. Pour la problématique du surgissement co-originaire de la subjectivité et de la temporalité, voir notre ouvrage *En deçà du sujet*, *op. cit.*

3. Cette « rupture de la vigilance anonyme de l'*il y a* » pourrait être mis en rapport, avec profit, avec ce que M. Richir appelle le « moment du sublime » (« ressaut d'affectivité » et « interruption du schématisme » constitutifs du « soi »). Sur ce « moment du sublime » chez Richir, *cf.* ses *Fragments phénoménologiques sur le langage*, Grenoble, J. Millon, 2008 et ses *Variations sur le*

Ainsi, cette *hypostase* a son sens ontologique en ceci qu'elle constitue l'« origine » – « avant » toute inscription dans le temps – de la conscience.

Or, si on la considère dans un premier temps de manière purement formelle, la conscience est caractérisée par un *double mouvement* – d'abord « à partir de soi » et ensuite en effectuant un « retour à soi ». Cette idée, qui remonte au moins jusqu'à Fichte et qui a été reprise dans son sens temporel par Heidegger, revêt un aspect fort original chez Levinas. À l'instar de l'auteur de *Sein und Zeit*, il met effectivement l'accent sur la médiation *temporelle* qui caractérise en propre ce double mouvement. Mais au lieu de souligner son rapport à l'*avenir* originaire [1], il lui donne un sens vis-à-vis du *présent*. Détaillons ce point.

La conscience, et en particulier la conscience de soi, est « identité d'avec soi ». *Totalité et infini* rappellera de la même manière qu'« être moi, c'est [...] avoir l'identité comme contenu. [...] [Le moi] est l'identité par excellence, l'œuvre originelle de l'identification » [2]. Or, la *possibilité* de cette identification, « l'œuvre même de l'identité », exige effectivement un double mouvement : de soi à soi et *vice versa*. Pour Levinas,

sublime et le soi, Grenoble, J. Millon, 2010 ainsi que notre ouvrage *Le sens se faisant*, *op. cit.*

1. L'« avenir [*Zukunft*] » est en effet le mode temporel primordial de la structure ontologique du *Dasein*. Or, « *Zukunft* [avenir] » dérive de « *zukommen* [aller au devant de ...] ». Et Heidegger de souligner à son tour que dans ce « *zukommen* », et en particulier dans le « *auf* sich *zukommen* [aller au-devant de *soi* ...] », il faut entendre un mouvement « *de* soi, vers... » et un autre mouvement qui désigne un *retour* (qui est bien entendu *pré-réflexif*) sur soi. Cela explique ainsi pourquoi dans le comprendre – qui est justement caractérisé par cette même double directionnalité –, premièrement, le *Dasein* se projette vers ... son pouvoir-être et, deuxièmement, il se saisit dans la possibilité ainsi projetée. Autrement dit, dans l'*Entwurf*, le *Dasein* « *se devance* », il va au devant de lui-même en projetant justement les possibilités qu'il a à saisir (ou non); et dans cette saisie, le *Dasein revient* vers lui-même. Pour plus de précisions sur ce point, cf. *En deçà du sujet*, *op. cit.*, p. 207.

2. TI, p. 25.

le présent n'est autre que les deux déterminations de ce double mouvement.

1) Originairement (du moins en apparence), et sur ce point Levinas reste fidèle aux analyses heideggeriennes du « présent originaire », le présent n'est pas un instant infinitésimal sur une ligne temporelle composée indifféremment (et exclusivement) de tels instants. La fonction primordiale du présent est d'opérer, à chaque fois, une « *déchirure* » ou une « *rupture* » (cf. *supra*) dans « l'infini impersonnel de l'exister ». À ce titre, le présent est l'événement même de l'hypostase. Et cela implique tout particulièrement que le présent est *commencement absolu*, « départ de soi » – et donc aussi « première liberté », liberté du commencement, justement. Plus précisément, il est l'« événement de l'exister par lequel quelque chose vient à partir de soi »[1]. Levinas parvient ainsi à donner un statut ontologique précis au moi. Chez Kant, celui-ci (plus exactement, ce qu'il appelle le « Je transcendantal ») était entaché d'une ambiguïté (d'abord mise en évidence par Schelling) : d'un côté, c'était le « point suprême » de la philosophie transcendantale et, dans cette mesure, une *pure condition*, qu'il fallait nécessairement admettre pour pouvoir rendre compte de l'expérience et, par là, de la connaissance ; mais, d'un autre côté, il fallait quand même lui concéder une certaine forme d'« existence » (mais différente, bien sûr, de la *catégorie* de l'« existence » figurant dans la table des concepts *a priori* de l'entendement) – ce qui rend difficile d'en saisir exactement le statut. Même si Kant renonçait radicalement à lui concéder une quelconque forme de « substantialité » (la « substance » étant elle aussi une catégorie qui n'a de « signification » que rapportée à du divers sensible, alors que le « Je *transcendantal* » est évidemment en deçà de toute donation intuitive), et même

1. TA, p. 32.

si, selon lui, ce dernier ne se constitue, en son « identité », que dans et à travers ses actes d'unification et de synthèse, la question se pose néanmoins de savoir ce qui *sous-tend* cette possibilité – qui est autant *a priori* que permanente – d'effectuer des synthèses. Autrement dit, pour démêler tous ces problèmes eu égard aux modes d'être du « Je » ou du « moi », quel type d'existence peut-on (et doit-on) lui attribuer ?

Levinas répond : « [l]e paradoxe cesse quand on comprend que le "je" n'est pas initialement un existant, mais le mode d'exister lui-même, qu'il n'existe pas à proprement parler » [1]. Voilà donc la conséquence fondamentale de l'idée que le temps, en général, et le présent, en particulier, sont l'« événement pur de l'hypostase » [2].

2) Cependant, nous l'avons dit, l'œuvre de l'identification n'implique pas seulement un « départ de soi », mais également un « retour à soi ». Celui-ci n'est nullement abstrait ou formel. Il désigne, pour Levinas, un « enchaînement à soi », le « souci », pour le moi, de *s'occuper de soi* (jusqu'à ses besoins « matériels »). Dès lors, cet accomplissement de son identité touche aussitôt à la « corporéité » du moi. Le moi est *ipso facto* incarné et corporel (*leiblich*). Et Levinas lui reconnaît en même temps une dimension éthique (s'exprimant en termes de « responsabilité ») :

> Liberté à l'égard du passé et de l'avenir, le présent est un enchaînement par rapport à soi. Le caractère matériel du présent ne tient pas au fait que le passé lui pèse ou qu'il s'inquiète de son avenir. Il tient au présent en tant que présent.

1. TA, p. 33.

2. Inversement, Levinas dira dans *Totalité et infini* que « [l]a conscience de l'objet – la thématisation [qui désigne le fait d'offrir le monde à Autrui par la parole] – repose sur la distance à l'égard de soi qui ne peut être que temps » ; ou pour le dire autrement, elle repose « sur la conscience de soi à condition qu'on reconnaisse comme "temps" la "distance de soi à soi", dans la conscience de soi », TI, p. 230 *sq*.

> Le présent a déchiré la trame de l'exister infini ; il ignore l'histoire ; il vient à partir de maintenant. Et malgré cela ou à cause de cela, il s'engage en soi-même et par là connaît une responsabilité, tourne en matérialité [1].

Mais cela ne signifie-t-il pas que le moi n'est rivé qu'à lui-même ? Cela n'enferme-t-il pas le temps dans la « solitude » et l'« égoïsme » du moi ? Comment Levinas peut-il alors affirmer que le temps est le rapport du moi à autrui ?

Tout se passe en effet comme si cette reconstitution du surgissement du temps dans sa co-éclosion avec le moi « hypostasié » doit être lue comme une critique – s'adressant à Heidegger – du mode temporel primordial du « moi » (ou du *Dasein*) et ce, *sur le plan même de la temporalité originaire*. Et il pouvait effectivement sembler que Levinas corrigeait Heidegger sur ce point en substituant à l'avenir son analyse du présent. Mais, en réalité, il n'en est rien : ce temps du moi, de la « solitude », *n'est pas le mode originaire de la temporalité*. Levinas l'affirme de manière parfaitement claire : « la solitude est une *absence de temps* ». Pour le montrer, pour établir en quoi la temporalité originaire implique l'*autre*, Levinas procède à sa propre analyse de l'avenir – dans un sens original et inédit, bien entendu, par rapport à Heidegger.

Nous reviendrons plus loin sur la phénoménologie lévinassienne de la *mort*. Pour l'instant, soulignons que cette analyse de l'avenir s'ancre dans celle de la mort. La mort, au lieu de constituer la possibilité de l'impossibilité d'exister *dans l'économie générale de toute compréhension* (c'est-à-dire dans le cadre d'une philosophie du « *Même* »), ouvre bien plutôt à l'*altérité* parce qu'il s'agit là d'un événement qui se soustrait à toute *maîtrise* possible, qui *destitue* le moi de sa fonction de « *sujet* », qui en dévoile son irréductible *passivité*.

1. TA, p. 36 *sq*.

Et cette relation avec la mort constitue précisément une relation *unique* avec l'avenir. Dans *Le temps et l'autre*, il s'agit certes seulement d'un rapport *analogique* : c'est dans l'exacte mesure où la mort est insaisissable qu'elle donne à comprendre ce même caractère insaisissable de l'avenir : « l'avenir, c'est ce qui n'est pas saisi, ce qui tombe sur nous et s'empare de nous. *L'avenir, c'est l'autre.* La relation avec l'avenir, c'est la relation même avec l'autre. Parler de temps dans un sujet seul, parler d'une durée purement personnelle, nous semble impossible »[1]. Mais le rapport entre le temps et l'autre n'est pas encore analysé *pour lui-même* et de manière *intrinsèque*. En témoigne le fait que Levinas cherche, en tâtonnant, une « situation » illustrant la manière dont l'altérité de l'autre s'accomplit dans sa pureté (nous avons vu qu'en 1948 cette figure paradigmatique était pour lui le « féminin »).

Avant de nous tourner vers l'approfondissement du rapport entre le temps et l'autre dans *Totalité et infini*, récapitulons donc encore une fois les points essentiels – exposés ici d'une manière certes seulement programmatique – dans *Le temps et l'autre* sur le rapport entre ces deux concepts. La thèse fondamentale est que l'analyse du temps confirme l'idée, exposée plus haut, que la sortie de soi originaire n'est pas un rapport extatique vis-à-vis d'un monde qui enferme le moi dans une sphère « solipsiste » (où l'autre n'est qu'« avec » moi mais non pas « face à » moi), mais ouverture à l'*autre*. C'est ce que Levinas veut dire quand il affirme que le temps signifie « le surplus de socialité »[2]. Aussi faut-il insister sur l'idée que la « frontière entre Heidegger et Levinas ne passe pas entre

1. TA, p. 64 (nous soulignons).

2. TA, p. 8. Ailleurs, Levinas précise cette notion de socialité : « Ma thèse consiste à affirmer que la socialité est un rapport tout autre que celui qui s'établit dans la connaissance et que la socialité, elle-même, est commandée par la Parole de Dieu qui est le visage d'autrui », TrI, p. 53.

d'une part un *Dasein* sans altérité, et de l'autre un *moi* déterminé par autrui »[1], mais – telle est notre thèse – entre deux compréhensions différentes du « ce-en-vue-de-quoi » de la sortie de soi originaire. Il n'en résulte pas moins des conséquences sur le statut même du moi (eu égard à ses « origines » et à sa constitution « *leiblich* »). Et cela reconfigure donc, par ailleurs, le rapport entre présent et avenir originaires. Citons à ce propos encore une fois Levinas : « J'ai cherché une *transcendance temporelle d'un présent vers le mystère de l'avenir*. Celle-ci n'est pas une participation à un troisième terme [...], [c]'est une collectivité qui n'est pas une communion. Elle est le face-à-face *sans intermédiaire*[2] [...] »[3].

* * *

Dans *Le temps et l'autre*, le temps avait pour fonction essentielle de « présenter » l'inscription de l'être dans un étant, de l'exister dans un existant, c'est-à-dire de mettre en œuvre l'« hypostase ». *Totalité et infini* s'efforce de clarifier davantage l'essence et la nature du temps dans cette mise en œuvre.

Le temps n'est pas simplement, pour Levinas, la forme *a priori* de la sensibilité, ni celle de la conscience transcendantale. Il a deux fonctions essentielles, interreliées : il est (à l'origine de) la séparation même du psychisme individuel et de la transcendance qui est au-delà de toute totalité ; et il constitue une réalité (« psychique ») ne s'inscrivant pas dans l'histoire.

Que le psychisme soit une « manière d'être », « l'événement de l'être », c'est une autre manière de dire que l'existant

1. J.-L. Marion, « La substitution et la sollicitude. Comment Levinas reprit Heidegger », dans D. Cohen-Levinas et B. Clément (dir.), *Emmanuel Levinas et les territoires de la pensée*, *op. cit.*, p. 55.

2. « Absence d'intermédiaire » qu'il faut bien entendu mettre en rapport avec les réflexions de Levinas sur l'« immédiateté ».

3. TA, p. 89 (nous soulignons).

sort de l'exister anonyme. Nous avons vu que cet événement constituait un *commencement* – commencement *dans* le temps qui est également commencement *du* temps lui-même. Or, parler d'un commencement suppose une antériorité – mais pas seulement au sein du cadre « temporel » ainsi commencé, mais aussi vis-à-vis d'un *autre* temps par rapport auquel ce commencement effectue une rupture. Le commencement a ainsi deux sens tout à fait différents – eu égard au temps nouvellement institué, d'un côté, et eu égard à un temps dans lequel il s'inscrit (du moins en apparence), de l'autre. Pour distinguer ces deux temporalités foncièrement distinctes, Levinas introduit les concepts de « temps du psychisme » et de « temps de l'histoire » (renvoyant aux concepts heideggeriens de « temps du *Dasein* » et de « temps intra-mondain »).

Deux caractéristiques permettent de bien distinguer entre ces deux types de temporalités. D'une part – et cette idée a déjà été formulée par Schelling dans les *Âges du monde* et par Heidegger dans les *Concepts fondamentaux de la métaphysique*[1] –, alors que dans la perspective du temps « historique » (caractérisant l'étant contenu dans une totalité) tout étant s'inscrit dans un cadre temporel unique et absolu (que ce soit le « temps absolu », le temps comme « forme *a priori* de l'expérience », le temps comme « étoffe » de la sphère immanente de la conscience transcendantale, le temps comme « présent vivant », etc.), le temps « psychique » est à chaque fois irréductiblement singulier et spécifique : « chaque être a *son* temps »[2]. D'autre part, le temps « psychique » ou « intérieur » est *discontinu*[3]. Et il faut qu'il en soit ainsi pour que

1. *Cf.* notre ouvrage *En deçà du sujet*, *op. cit.*

2. TI, p. 50 (nous soulignons).

3. La critique du dogme husserlien d'une temporalité *continue* a déjà été formulée avant Levinas (par Heidegger et Fink) et continue à préoccuper les phénoménologues après lui (par exemple M. Richir).

l'on puisse rendre compte de la liberté humaine face au déterminisme auquel aboutit fatalement toute prise de point de vue sur l'homme « de l'extérieur » [1].

Levinas réinstaure ainsi la distinction (opérée déjà auparavant, d'une manière certes différente, par Bergson et Heidegger) entre une sorte de temporalité « authentique » et une temporalité « inauthentique », dérivée – distinction qui jouait déjà, nous l'avons vu, dans *Le temps et l'autre*. La temporalité authentique – dont nous approfondirons davantage, plus loin, le rapport à l'Autre – est le principe même de la « séparation » entre le « psychisme » et l'« être » transcendant, entre le « *cogito* » et « Dieu » (dans son acception cartésienne). Levinas redistribue complètement le rapport entre les concepts métaphysiques fondamentaux (dont Heidegger avait déjà révolutionné le sens dans *Sein und Zeit* et auxquels Sartre a encore apporté d'autres modifications dans *L'être et le néant*) : l'être n'est pas une *totalité* absolue, ni – de par son caractère *temporel* – un « néantiser » *fini*, mais *dans la mesure, précisément, où il est temporel, il est ouvert à l'infini*. À l'opposition antithétique de l'« être » et du « néant », doués de leur temporalité propre, Levinas substitue alors la triade être – néant – « temps mort ». La « notion troisième » du « temps mort » désignant précisément « la rupture de la durée historique et totalisée ».

* * *

Dans un passage important de *Totalité et infini*, Levinas livre une analyse très éclairante et profonde (quoiqu'assez brève) du sens de la temporalisation « en deçà » du « temps historique ». Cette analyse se focalise sur le *présent* et dévoile son rapport au *langage*.

1. Sur ce point, *cf.* les remarques très éclairantes de L.W. Beck sur le concept kantien de « liberté » dans son célèbre *Commentary on Kant's "Critique of Practical Reason"*, Chicago, The Chicago University Press, 1960.

Il est justifié d'ancrer le temps dans le *présent* – à condition, toutefois, de le *déformaliser*. Quel sens, ontologiquement beaucoup plus riche, peut-on donner au présent lorsqu'on saisit le rapport essentiel entre le temps et le langage? Ce qui distingue le « phénomène » ou la « chose » appelé(e) ou sollicité(e) dans le *langage* de l'objet de la *connaissance*, c'est l'idée qu'il ne se donne pas, dans sa totalité, qu'une fois que son processus de réalisation est achevé (ce qui en fait quelque chose de « déjà fait » et de « dépassé »), mais qu'il est « appelé à la parole », sa parole consistant à « porter secours »[1] à sa parole, à « être *présent* ».

> Ce présent n'est pas fait d'instants mystérieusement immobilisés dans la durée, mais d'une reprise *incessante* des instants qui s'écoulent par une présence qui leur porte secours, qui en répond. *Cette INCESSANCE*[2] *produit le présent, est la présentation, – la vie – du présent*[3]. Comme si la présence de celui qui parle *inversait le mouvement inévitable* qui conduit le mot proféré vers le passé du mot écrit. L'expression est cette actualisation de l'actuel. Le présent se produit dans cette lutte, (si on peut dire) contre le passé, dans cette actualisation[4].

Avec la mise en évidence de cette « inversion », nous retrouvons le motif fondamental du transcendantalisme lévinassien qui avait déjà donné lieu à une première approche du temps (cf. *supra*) : avec « celui qui parle » le présent est d'abord *produit*, de même que c'est grâce à la mémoire ou

1. TI, p. 91 *sq.*

2. Cette « incessance » est aussi celle du *débordement de soi* qui caractérise de manière essentielle le temps (*cf.* TI, p. 223).

3. Cette analyse remarquable de la « production du présent » peut être mise en parallèle avec profit avec la conception richirienne de la « temporalisation en présence » (« sans présent assignable »). Sur cette temporalisation s'effectuant, selon M. Richir, au « registre phénoménologique le plus "archaïque" », *cf.* notre ouvrage *Le sens se faisant*, *op. cit.*

4. TI, p. 65 (nous soulignons).

à la pensée que s'effectue l'inversion de la « postériorité de l'antérieur » (de l'effet vis-à-vis de la cause, inversion « logiquement absurde », mais dénotant la manière dont le temps s'accomplit)[1]. Dans les deux cas transparaît ainsi cette « inversion », propre au « mouvement transcendantal », qui caractérise le « conditionnement mutuel » de ce dernier.

* * *

La phénoménologie lévinassienne du temps a par ailleurs pour but d'éclaircir la possibilité et le statut de la *liberté*. Si la sortie de soi vers l'Autre est l'« ultime événement » de l'être, au sens où elle constitue la transcendance première, si l'idée de l'infini est « reçue » par le sujet[2], nous sommes devant un scénario qui s'oppose de toute évidence à la conception kantienne de la liberté en tant qu'*autonomie*. Ce n'est pas d'abord le sujet rationnel qui se donne à lui-même la seule loi à laquelle il est soumis. Le sens de l'« asymétrie métaphysique » (indiquée par l'« expérience morale concrète » évoquée plus haut) est que la loi ne vient pas de moi mais d'Autrui. « Difficile liberté », donc ! Or, Levinas conçoit la liberté comme étant nécessairement *finie*. Elle est une liberté d'êtres pluriels qui doivent être partiellement indépendants et partiellement en relation. Mais leur rapport n'est nullement *proportionnel* (du style – fichtéen – « autant d'activité posée dans un terme, autant de limitation posée dans le terme opposé »). Levinas dit qu'ils sont à la fois « indépendants » les uns des autres et cependant « offerts » les uns aux autres. Et ce qui donne un sens à cette liberté finie, c'est précisément le *temps*. Dans le sillage de Bergson, Levinas conçoit le temps comme « *ajournement* », comme possibilité de différer l'action ou plutôt la réaction vis-à-vis de ce qui se présente. Sa teneur apparaît tout

1. TI, p. 46 *sq*.
2. TI, p. 223.

particulièrement dans le rapport à la mort : pour Levinas, le temps n'est pas l'être-pour-la-mort heideggerien, ni l'attente (et, du coup, l'abandon désespéré) devant une fatalité, mais justement ajournement, retrait du « pas encore »[1]. Pour être tout à fait précis, avec cette liberté finie, fondée temporellement, il ne s'agit pas d'une liberté finie « où se produirait un singulier mélange d'activité et de passivité, mais d'une liberté originellement nulle, offerte dans la mort à l'autre, mais où le temps surgit comme une détente : la volonté libre est plutôt nécessité détendue et ajournée que liberté finie »[2]. Ces clarifications étant faites, tournons-nous à présent vers le rapport proprement dit entre le temps et la mort.

* * *

Pour pouvoir mesurer toute l'ampleur des analyses lévinassiennes sur le temps et la mort, il faut rappeler, au préalable, les acquis fondamentaux des paragraphes 46-53 de *Sein und Zeit* sur ce même thème.

Les analyses heideggeriennes sur la mort ont une portée résolument *ontologique*. Cela veut dire qu'elles n'ont pas trait à la mort en tant que phénomène *ontique* (qu'il s'agisse du rapport à notre propre mort ou à celui d'un autre être humain), mais eu égard à l'*être du Dasein*. Le *Dasein* étant « pouvoir-être [*Sein-Können*] », la question *existentiale* de la mort est une

1. Levinas souligne en effet explicitement que sa compréhension de la liberté finie ne correspond pas à l'« être-pour-la-mort » heideggerien (ni d'ailleurs à la liberté comme « transcendance » par exemple dans *Vom Wesen des Grundes*). En revanche, elle est très proche de ce que Heidegger appelle, dans ses réflexions introductives à l'« être-pour-la-mort », l'« être-pour-la-fin [*Sein-zum-Ende*] » qui exprime, lui aussi, ce rapport ambigu à la fin différent à la fois de l'accumulation de parties quantitatives (pour former un tout) et de l'achèvement d'un processus téléologique. Levinas livre une analyse précise de ce phénomène dans TI, p. 49-50 et 247.

2. TI, p. 248.

question relative à la *possibilité d'exister*, plus exactement : à la *possibilité de l'impossibilité d'exister en tant que* Dasein. Et, dans ce même contexte, il faut aussi rappeler la nature exacte de l'angoisse, selon Heidegger (à propos de laquelle on rencontre souvent des contresens) : l'angoisse n'est pas du tout l'angoisse « de mourir » (la peur de mourir étant bien plutôt un « comportement ontique », c'est-à-dire un « renversement » effectué par le « On » [1]), mais, *en tant que disposition affective fondamentale du* Dasein, elle est la « compréhension affective » ou l'« affection portée par la compréhension » (ce que Heidegger appelle l'« ouverture [*Erschlossenheit*] ») du fait que *le* Dasein *existe* pour *sa fin*. En termes lévinassiens, *l'angoisse de la mort est la « prise de conscience »* (ne se dévoilant pas forcément dans un « savoir ») – absolument en dehors de tout contrôle de la part du « psychisme » – *de la « liberté finie »*.

L'« être-pour-la-fin [*Sein-zum-Ende*] » n'est pas encore l'« être-pour-la-mort [*Sein-zum-Tode*] ». Celui-ci doit être *projeté*, de manière *existentiale*, dans son *authenticité*. La caractéristique fondamentale de ce projet est qu'il doit se tenir à ce qui le caractérise en propre en tant que projet : à savoir au pouvoir-être, c'est-à-dire à la *possibilité*. Un tel projet ne doit pas avoir trait à une possibilité qui serait aussitôt supprimée dans une quelconque forme de « réalisation », mais à la possibilité *en tant que possibilité*, à une possibilité qu'il faut soutenir et supporter *en tant que telle*. L'être-pour-la-mort doit être un « être-pour-la-possibilité [*Sein-zur-Möglichkeit*] » [2].

1. *Sein und Zeit*, *op. cit.*, § 51, p. 254.

2. Remarquons que l'usage du « doit » et du « en tant que » dénote de manière explicite l'orientation *transcendantale* de ces élaborations. Concernant ce que nous appellerions les « contributions à la philosophie transcendantale de M. Heidegger », voir notre ouvrage *Hinaus. Studien zur phänomenologischen Metaphysik und Anthropologie*, *op. cit.*

Heidegger appelle un tel être-pour-la-possibilité un « devancement dans la possibilité [*Vorlaufen in die Möglichkeit*] ». En lui, on ne « s'approche » pas d'une éventuelle réalisation de la possibilité, mais le caractère possible n'y fait qu'« accroître ». « Plus cette possibilité est comprise de manière non voilée, et d'autant plus purement le comprendre pénètre dans la possibilité *comme possibilité de l'impossibilité de l'existence en général* »[1]. Et Heidegger de conclure : « L'être pour la mort en tant que devancement dans la possibilité *possibilise* d'abord cette possibilité et la libère en tant que telle »[2]. Ce redoublement de la possibilité en *possibilisation*, c'est-à-dire en ce qui rend possible cela même qui rend possible, figure qui caractérisait déjà le transcendantalisme fichtéen[3], confirme d'ailleurs ce que nous venons de dire à propos du statut *transcendantal* de cette analyse absolument cruciale au sein de l'architectonique de *Sein und Zeit*.

Mais la portée de cette possibilisation est encore plus grande. Dans la mesure où elle ouvre le *Dasein* à sa possibilité la plus extrême, elle *lui* ouvre cette dernière, et cela veut dire, pour Heidegger (alors que cela ne va pas d'emblée de soi), la possibilité d'une *existence authentique*. Pour le justifier, Heidegger doit clarifier ce que ce phénomène comporte d'implicite, il doit dévoiler en particulier les structures de *compréhension* et d'*appropriation* de cette possibilité extrême[4] – et tout cela dans le but de mettre en évidence la « possibilité extrême » comme possibilité *ontologique*.

1. *Sein und Zeit*, *op. cit.*, § 53, p. 262.

2. *Ibid.*, § 53, p. 262.

3. Sur le rapport entre Heidegger et Fichte à propos de ce concept de « possibilisation », *cf.* notre ouvrage *En deçà du sujet*, *op. cit.*

4. Heidegger rappelle à ce propos que « comprendre » signifie : « se comprendre dans le pouvoir-être qui se dévoile dans le projet ».

À cet égard, il faut d'abord insister, nous y avons déjà fait référence plus haut, sur le caractère « non relationnel », « ab-solu » (« *unbezüglich* »), de cette possibilité extrême[1]. Celui-ci n'a d'autre implication que la singularisation du *Dasein*, son repli sur *soi*. Dans la mesure où le *Dasein* est à la source de la possibilisation, il rend également possible son *être authentique*.

Un autre aspect important de la possibilisation réside dans son rapport à la *liberté*. Le devancement de la mort, contrairement à l'être-pour-la-mort inauthentique, n'est pas une *fuite* devant son caractère inéluctable, mais une *libération pour* la mort. Celle-ci permet de ne plus se cramponner à telle ou telle possibilité finie et de distinguer entre ces possibilités, afin de les comprendre et de les choisir à bon escient.

Mais ce qui assure véritablement la compréhension (et l'appropriation) de la possibilité extrême, c'est le fait que c'est le *Dasein lui-même* qui rend possible (qui « possibilise »), pour lui-même, cette possibilité en tant que pouvoir-être le plus propre. Même si cela peut apparaître comme un « scandale » d'un point de vue *existentiel*, cela répond à la question posée initialement. Avec le devancement existential (et la possibilisation qu'il implique), Heidegger s'est effectivement donné les conditions, relevant de son « ontologie fondamentale », de la possibilité *ontologique*. Citons, en guise de récapitulation, le résumé qu'il propose lui-même de sa caractérisation de l'être-pour-la-mort authentique, esquissée de façon existentiale (et insistant sur les aspects affectifs qu'implique également ce phénomène) : « *le devancement dévoile au* Dasein *sa perte dans le "on" même et le transporte devant la possibilité, primairement dépourvue du soutien de la sollicitude*

1. La pensée de l'« événement », après la « *Kehre* », n'est autre que la sortie de ce phénomène « ab-solu » du cadre restreint caractérisant l'approche transcendantale.

préoccupée, d'être lui-même – mais lui-même dans la LIBERTÉ POUR LA MORT *passionnée, déliée des illusions du "on", factuelle, certaine d'elle-même et angoissée* »[1].

Levinas redistribue autrement le rapport entre la mort, le temps et la liberté. Si, dans une certaine mesure, on peut dire qu'il suit une nouvelle fois Heidegger dans l'idée que la mort se situe sur un autre plan que l'être et le néant (le cadre classique de toute considération traditionnelle de la mort) – puisque le devancement de la mort constitue, nous l'avons vu, une « possibilisation » en deçà de cette dichotomie –, il oppose à Heidegger l'idée que ce devancement ne nous met pas face à une « possibilité extrême » *issue du* DASEIN, mais à une violence « mystérieuse » procédant de la transcendance d'Autrui.

Levinas ne partage pas l'idée que l'angoisse nous mettrait face au « néant », au « rien » (ni au sens freudien, ni au sens heideggerien)[2]. Pour Heidegger, ce qui *provoque* l'angoisse n'est autre que ce qui *éprouve* l'angoisse – à savoir le *Dasein* en tant qu'être-au-monde[3]. Pour Levinas, cette « menace » annonçant la mort imminente et provoquant par là l'angoisse renvoie au *meurtre*. Mais, tout d'abord, d'où provient ce caractère imprévisible de la mort, de « l'instant suprême » ? Il vient du fait que la mort transcende toute saisie possible, qu'elle est au-delà de tout « horizon », au-delà de tout mon pouvoir. Or, dans la mort, « je suis exposé à la violence absolue, au meurtre dans la nuit »[4]. Mais si le meurtre est, empiriquement, « l'incident le plus banal de l'histoire humaine », il n'en a pas moins, en réalité, une portée ontologique fondamentale : il *prétend à*

1. *Sein und Zeit*, *op. cit.*, § 53, p. 266.
2. D'ailleurs seul Autrui peut me faire *face*.
3. Cf. *De l'existence ouverte au monde fini*, *op. cit.*, p. 80 *sq.*
4. TI, p. 259.

la négation totale d'un être[1]. *Ma* mort porte la trace de *cette* négation et signale donc justement, par là, la possibilité d'un meurtre (« commis » par Autrui[2]). Levinas formule alors clairement sa critique de Heidegger :

> Dans l'être pour la mort de la peur [c'est ainsi que Levinas traduit le concept d'« *Angst* »], je ne suis pas en face du néant, mais en face de ce qui est *contre moi*, comme si le meurtre, plutôt que d'être l'une des occasions de mourir, ne se séparait pas de l'essence de la mort, comme si l'approche de la mort demeurait l'une des modalités du rapport avec Autrui[3].

Si l'angoisse n'est pas angoisse de « rien », c'est tout simplement parce que le « face à face » l'est toujours de quelque chose ou de quelqu'un qui se dresse *contre* moi. En deçà de la « transcendance extatique » (se tenant dans l'horizon du Même), il y a une sortie de soi plus originaire établissant le « surplus de socialité » ; derrière le néant, se signale autrui. Mais que peut-on en alors déduire eu égard au sens du *temps* ?

Le rapport à ma mort m'indique en effet un rapport originaire au temps – un temps que je ne « projette » pas, qu'*a fortiori* je ne « constitue » pas, mais dans lequel je suis inexorablement plongé, « passivement » et « patiemment », et qui s'impose à partir d'une altérité transcendante. Nous comprenons dès lors cette référence décisive au *meurtre* : elle permet de dresser le pont – que *Le temps et l'autre* n'a pas

1. « Le meurtre exerce un pouvoir sur ce qui échappe au pouvoir. Encore pouvoir, car le visage s'exprime dans le sensible ; mais déjà impuissance, parce que le visage déchire le sensible. L'altérité qui s'exprime dans le visage fournit l'unique "matière" possible à la négation totale. Je ne peux vouloir tuer qu'un étant absolument indépendant, celui qui dépasse infiniment mes pouvoirs et qui par là ne s'y oppose pas, mais paralyse le pouvoir même de pouvoir. Autrui est le seul être que je peux vouloir tuer », TI, p. 216.

2. « Autrui, inséparable de l'événement même de la transcendance, se situe dans la région d'où vient la mort, possiblement meurtre », TI, p. 259.

3. *Ibid.*

encore été en mesure d'établir – entre une transcendance anonyme et autrui. « La peur pour mon être qui est ma relation avec la mort, n'est donc pas la peur du néant, mais la peur de la violence (et ainsi se prolonge-t-elle en peur d'Autrui, de l'absolument imprévisible) »[1]. Dans l'économie générale de la phénoménologie lévinassienne, le « meurtre » occupe ainsi une fonction capitale. Il établit le rapport de médiation entre temps, mort, transcendance et autrui.

Le temps est alors contaminé, eu égard à son caractère ultime, par ce rapport à ma mort. Il est doué d'un « mouvement à contre-courant »[2] : il est à la fois futurition et ajournement. Il donnera lieu à ..., mais sans que l'on sache quand, donc aménageant l'espace indécis d'une réalisation aussi certaine qu'indéterminée.

La liberté s'en trouve logiquement affectée à son tour. L'argument est toujours le même : il y a substitution du rapport à la transcendance d'autrui au projet du *Dasein* : « [l]a liberté humaine réside dans l'avenir, toujours encore minimalement avenir, de sa non-liberté, dans la conscience – prévision de la violence, imminente à travers le temps qui reste encore »[3]. Se confirme ainsi, à travers le prisme du temps, ce que nous avons déjà établi plus haut à propos du rapport entre liberté et ajournement : « Être libre, c'est avoir du temps pour prévenir sa propre déchéance sous la menace de la violence »[4].

1. TI, p. 262.

2. La référence au conte « Le puits et le pendule » d'Edgar Allan Poe permet à Levinas de procéder à la délimitation définitive (amorcée par Bergson) entre le « temps » et l'« espace » : « Cette interférence de mouvements à travers la distance qui me sépare de l'instant suprême, distingue l'intervalle temporel de la distance spatiale », TI, p. 261.

3. TI, p. 264.

4. TI, p. 265.

CHAPITRE VII

VÉRITÉ ET JUSTICE

La conception lévinassienne de la vérité résulte à la fois de la critique que Levinas adresse aux conceptions de Hegel, de Heidegger et des existentialistes, et tient compte des acquis déjà développés jusqu'à présent. À l'image de notre procédé déjà mis en œuvre à plusieurs reprises antérieurement, nous allons d'abord démarquer, négativement, Levinas vis-à-vis de ses prédécesseurs, avant de montrer quels sont les apports positifs de sa propre doctrine.

Concernant le rapport à Hegel, ce qui a été développé plus haut au sujet de la critique de la *totalité* vaut également pour sa compréhension de la *vérité*. Un point important s'ajoute cependant à cela. Pour Hegel, et cela résume, en gros, toute sa critique du transcendantalisme kantien, le philosophe peut saisir le vrai parce qu'il est toujours déjà « auprès » de lui. Le vrai, on le sait, n'est pas une « chose » que l'on peut attraper et, de même, il n'est pas « à distance » ou « caché » ce qui nécessiterait une préparation préalable (une méthode à « appliquer ») afin de se donner les moyens d'y parvenir. Le savoir – « absolu » – du vrai consiste dans l'identification de la conscience « naturelle » avec la conscience « philosophante », processus qui revient à celui d'une prise de conscience de l'« esprit » par lui-même. Or, Levinas s'oppose radicalement à cette doctrine : s'il y a *vérité*, c'est précisément parce qu'il y a *séparation*.

Sur ce point, Levinas suit d'abord Heidegger. La conception heideggerienne de la vérité contient trois aspects fondamentaux. Le premier la démarque de la conception traditionnelle de la vérité comme « adéquation », le deuxième concerne l'accès à la vérité et le troisième le statut même « du » vrai.

Dans *Sein und Zeit*, il s'agissait pour Heidegger de s'interroger sur la légitimité de la conception classique – remontant à Saint Thomas d'Aquin et à Isaac Israeli, si ce n'est à Aristote – de la vérité comme « adéquation » (entre la « chose » et l'« esprit »). Pour Heidegger, cette conception, qui se heurte à des difficultés déjà soulignées notamment par Descartes et Husserl[1], est *dérivée* d'un aspect plus originaire. Voyons donc d'abord quelle autre conception Heidegger substitue à cette conception traditionnelle.

N'y a-t-il pas une circularité fallacieuse dans toute tentative de définir le vrai *à partir* d'une « adéquation » ? Ne faut-il pas déjà disposer d'un moyen pour être en mesure, précisément, de constater la correspondance entre deux choses, ne faut-il pas *déjà* être dans le vrai ? Heidegger – en suivant ici le Husserl de la *Sixième Recherche Logique* et son disciple Lask qui s'en est largement inspiré – met en évidence, au fondement de cette « adéquation », une « identification » qui ne met pas en rapport *deux* entités extérieures l'une à l'autre (une « pensée » et un « état de choses "réel" »), mais constitue un « se-montrer-de-l'étant-en-son-identité [*sich zeigen des Seienden in Selbigkeit*] ». Cela n'est possible que parce qu'il n'y a pas d'écran « entre » la « pensée » et la « chose », mais que toute conscience (qui est toujours « conscience *de* quelque chose ») *se rapporte déjà originairement* à son objet. « Mais cela n'est

1. *Cf.* notre ouvrage *Husserl et les fondements de la phénoménologie constructive*, *op. cit.*

[à son tour] possible que dans la mesure où [l]e connaître qui énonce et se confirme est lui-même, quant à son sens ontologique, un *être découvrant pour* l'étant réel »[1]. La vérité, l'être-vrai, doit être entendue comme « être-découvrant [*entdeckend-sein*] ». La vérité est *dévoilement*.

Le deuxième aspect de la doctrine heideggerienne de la vérité s'exprime à travers l'idée que toute vérité est ancrée dans l'« ouverture [*Erschlossenheit*] » du *Dasein*. Cette idée a donné lieu à des contresens, notamment chez les auteurs existentialistes (nous y reviendrons tout de suite). Lorsque Heidegger affirme à ce propos que « l'être et la vérité "sont" co-originaires »[2], il vise par là non pas l'être en tant qu'*être*, mais l'être du *Dasein*[3]. La vérité est en effet un « existential », une détermination *ontologique* de la « structure » de l'être du *Dasein*. Or, le point décisif – et ici l'ouvrage important de Tugendhat sur la question[4] passe à côté de l'essentiel – est que Heidegger ne fait pas de la vérité une caractéristique de l'être (ou de l'étant) vrai, mais du *Dasein* en tant qu'il découvre, dévoile, désocculte, *ouvre* l'étant. Cette « ouverture » est la condition ultime de toute apparition (autre marque du transcendantalisme heideggerien, cf. *supra*), elle est le « "présupposer" originaire »[5]. La difficulté étant que cela ne constitue

1. *Sein und Zeit*, *op. cit.*, § 44 a), p. 218.

2. *Ibid.*, § 44 c), p. 230.

3. Sur la question épineuse de savoir si, dans *Sein und Zeit*, l'« être » doit être entendu au sens absolu ou s'il se limite donc à l'être du *Dasein*, *cf.* notre ouvrage *De l'existence ouverte au monde fini*, *op. cit.*, p. 45 *sq.*

4. E. Tugendhat, *Der Wahrheitsbegriff bei Husserl und Heidegger*, Berlin, Walter de Gruyter, 1967.

5. « Dans la constitution d'être du *Dasein* comme souci, dans l'être-en-avant-de-soi, est inclus le "présupposer" le plus originaire. *C'est parce qu'à l'être du* Dasein *appartient une telle auto-présupposition que "nous" devons nécessairement aussi "nous" présupposer, en tant que déterminés par l'ouverture.* Ce "présupposer" inhérent à l'être du *Dasein* ne se rapporte pas à de l'étant

pas une rechute dans un subjectivisme plat. Que le *Dasein* soit « *Erschlossenheit* » résulte du fait (et le reflète) que le *Dasein* en tant qu'être-au-monde *est* « *son* » monde, que le *Dasein*, le monde et la compréhension qu'il en a sont *une seule et même chose*[1]. Il n'y a de *monde* qu'autant qu'il y a *Dasein*, et, de même, il n'y a de *vérité* qu'autant qu'il y a *Dasein*. L'« ouverture » du *Dasein* est donc en quelque sorte une condition (« transcendantale ») de l'être-vrai, et à ce titre elle se situe à un niveau « en amont » de toute donation concrète (la vérité est pour ainsi dire l'*a priori* par excellence de l'ontologie fondamentale). Contrairement à ce qu'affirme Tugendhat, il n'y a donc pas d'ambiguïté dans le concept heideggerien de la vérité comme « ouverture ».

Mais la conception heideggerienne inclut encore un troisième aspect, intimement lié à ce que Heidegger (et, à sa suite, Gadamer) appelle le « cercle de la compréhension » (ou le « cercle herméneutique »). Cela concerne la « vérité » de l'*étant* proprement dite. Celle-ci est évidemment tributaire de ce que nous venons d'établir à propos de l'« *Erschlossenheit* » du *Dasein*.

L'« ouverture » est un « comprendre disposé *affectivement* [befindliches *Verstehen*] ». En tant que tel, elle constitue, en son sens existential, un pouvoir-être du *Dasein*. Dans le comprendre, celui-ci *se projette* dans le *sens* (= le « phénomène existential [...] où devient en général visible la structure formelle de ce qui est susceptible d'être ouvert dans le

qui ne serait pas à la mesure du *Dasein*, et qu'il y aurait de surcroît, mais uniquement à lui-même. La vérité présupposée, ou le "il y a" par lequel son être doit être déterminé, a le mode ou le sens d'être du *Dasein* lui-même. Si nous devons nécessairement "faire" la présupposition de la vérité, c'est parce qu'elle *est* déjà "faite" avec l'être du "nous" », *Sein und Zeit*, *op. cit.*, § 44 c), p. 228.

1. Cf. *De l'existence ouverte au monde fini*, *op. cit.*, p. 64 *sq.*

comprendre et articulé dans l'explicitation »[1]), « projet » à partir duquel il peut s'approprier (ou non), dans l'« explicitation [*Auslegung*] », cela même qu'il cherche à comprendre. Or, un tel « projet » reste à jamais à l'état de « projet ». Aucun « remplissement » n'est ici possible. Cela ne veut pas dire que la « vérité » serait voilée, inaccessible, ni même qu'elle n'existerait pas, mais qu'elle s'inscrit inéluctablement dans cette tension entre une explicitation qui « se meut » dans le comprendre, et un comprendre qui n'est jamais mieux saisi que dans le processus incessant (et infini) de l'explicitation. Toute « vérité » est « interprétation ».

De ce qui précède, Levinas retient d'abord cette « distance », l'impossibilité de parvenir à réaliser « l'union du connaissant et du connu ». Cela implique qu'il s'inscrit en faux, nous y avons déjà fait référence un peu plus haut, contre l'idée (défendue par les existentialistes) d'un « préalable enracinement dans l'être » – confusion qui est due, nous l'avons dit, à celle entre l'être en tant qu'être et l'être du seul *Dasein*. La recherche de la vérité, loin d'être sécurisante, constitue un *risque* et provoque du *danger*. Et ce, précisément parce que, contrairement au présupposé hégélien, il y a *séparation* – qui nous expose sans cesse à l'*illusion* et à l'*erreur* (en termes heideggeriens : le *Dasein* est, selon sa constitution ontologique fondamentale, de façon co-originaire dans le vrai *et* dans le non-vrai).

« Sans séparation, il n'y aurait pas eu de vérité, il n'y aurait eu que de l'être. [...] La recherche de la vérité se déploie dans l'apparition des formes. Le caractère distinctif des formes comme telles, est précisément leur épiphanie à distance. L'enracinement, une préliaison originelle, maintiendrait la participation, comme l'une des catégories souveraines de

1. *Sein und Zeit*, *op. cit.*, § 33, p. 156.

l'*être, alors que la notion de vérité marque la fin de ce règne*»[1]. La doctrine lévinassienne de la vérité remet donc une fois de plus en cause la philosophie de l'*être* (et ce, comme on sait, au profit d'une philosophie de l'*étant*).

* * *

Le lien entre la «philosophie première» et l'«éthique» apparaît de la façon la plus prégnante, chez Levinas, dans la mise en rapport des concepts de «vérité» et de «justice», plus particulièrement dans ses interrogations sur une fondation (et une légitimation) possible de la connaissance. Sa critique se déploie ici à un double niveau. Elle s'adresse autant, sur le plan gnoséologique, à Kant que, sur le plan éthique, à Sartre. Plus exactement, elle ne dissocie pas ces deux plans : pour Levinas, fonder la connaissance consiste à chercher une condition au conditionné en deçà du conditionné – ce qui revient précisément à justifier la spontanéité qui est liberté. Mais, selon lui, cette fondation n'échappe pas plus à une régression à l'infini qu'exister ne signifie être condamné à être libre. Ainsi, on le voit, Levinas met en évidence le lien entre l'insuffisance de vouloir légitimer la connaissance sur le seul plan du Même et celle de considérer la liberté comme n'étant fondée qu'en elle-même.

La seule possibilité permettant de pallier ces insuffisances est de se rendre à l'évidence que l'existant ne peut aller en deçà de ses origines, qu'il ne peut pénétrer en deçà de sa condition – c'est-à-dire, ici, qu'il ne peut «justifier la connaissance» – que parce qu'il y a moyen d'aller effectivement en deçà de lui – parce qu'il est *créature*! En effet, la liberté n'est pas fondée que sur elle-même. «Le savoir dont l'essence est critique, ne peut se réduire à la connaissance objective. Il conduit vers

1. TI, p. 54 *sq.* (nous soulignons).

Autrui »[1]. Levinas d'insister : « si la remontée à partir d'une condition en deçà de cette condition, décrit le statut de créature, où se nouent l'incertitude de la liberté et son recours à la justification, si le savoir est une activité de créature, cet ébranlement de la condition et cette justification viennent d'Autrui »[2]. – Remarquons, en passant, que cette critique fondamentale de la tradition philosophique occidentale, en général, et du transcendantalisme, en particulier, ne s'applique pas à Fichte. Sa mise en évidence, à travers le fameux « *Soll* » (qui n'est pas un « devoir être » abstrait), des conditions transcendantales de ce qu'il appelle l'« hypothéticité catégorique » permet d'échapper à la régression à l'infini tout en résolvant effectivement, et de manière puissante, ce problème du fondement de la connaissance[3]. Ainsi, nous entrevoyons ici une alternative aux élaborations de Levinas qui répond à la même question sans déplacer ce fondement dans Autrui.

Quel contenu peut-on assigner à cet Autrui ? S'agit-il de l'autre comme autrui ? Ou plutôt d'une altérité radicale, divine (Levinas écrit : « *A*utrui ») ? Il entre ici dans un débat implicite avec Descartes ainsi qu'avec les grands représentants de la philosophie classique allemande. Pour lui, la recherche de la certitude, du fondement de la connaissance, qui exprime un doute à l'égard de ce qui est *factuellement* donné, *suppose l'idée du parfait.* À l'instar de Fichte, mais en s'appuyant précisément sur l'idée de l'infini, Levinas ouvre sur une sphère qui invalide la distinction entre l'immanence et la transcendance : « L'idée de l'Infini n'est ni l'immanence du *je pense*, ni la transcendance de l'objet. Le *cogito* s'appuie chez Descartes sur l'Autre qui est Dieu et qui a mis dans l'âme l'idée de

1. TI, p. 84.
2. TI, p. 85.
3. Pour plus de détails sur ce point, *cf.* notre ouvrage *Réflexion et spéculation*, *op. cit.*

l'infini, qui l'avait enseignée, sans susciter simplement, comme le maître platonicien, la réminiscence de visions anciennes »[1]. Mais alors que, pour Fichte, l'ouverture de cette sphère s'effectue – moyennant une activité pré-subjective – dans le sens d'une immanentisation mettant en œuvre des « points de transcendance » (selon une expression juste de C. Théret), Levinas a recours au « paradoxe d'un Infini admettant un être en dehors de soi qu'il n'englobe pas ». Levinas est par là le seul successeur de Kant qui reste fidèle à l'aspect déterminant de son acception du transcendantal. En effet, les autres philosophes transcendantaux ne respectent pas ce qui constitue pourtant l'idée décisive même du transcendantalisme – à savoir que ce qui est la condition de l'expérience (et, de ce fait, de la connaissance) ne peut pas à son tour être expérimenté et ce, précisément, dans la mesure où il rend la connaissance d'abord possible. Fichte identifie un mode de saisie spécifique du transcendantal (qu'il appelle, selon les différentes versions de la *Wissenschaftslehre*, « intuition intellectuelle », « *Einsicht* [vision] », « compréhensibilité », etc.), Husserl fait valoir une « expérience transcendantale » (pour ne nommer qu'eux) – et ce, à chaque fois, au nom d'une expérience qui sort du cadre strict et limité de l'expérience *sensible* kantienne. Levinas, lui, revient à l'idée initiale de Kant : « [l]a thématisation ne peut servir à fonder la thématisation […] » ; mais en ajoutant que « la présence d'Autrui n'équivaut pas à sa thématisation et ne requiert pas, par conséquent, cette spontanéité naïve et sûre d'elle-même »[2], il opère ce qui s'apparente à un premier pas en direction d'une métaphysique phénoménologique (nous verrons qu'il en effectuera d'autres), puisque, d'un point de vue strictement phénoménologique,

1. TI, p. 85.
2. TI, p. 85.

l'idée que ce qui relève du non thématisable au fondement de la thématisation soit *Autrui* ne s'impose assurément pas d'emblée. En effet, comment Levinas justifie-t-il l'idée que l'impossibilité de thématiser Autrui dans le cadre d'une approche gnoséologique en fait effectivement le fondement de toute thématisation ?

C'est que, en réalité, intervient ici, nous l'avons déjà dit, une dimension *éthique « où le mouvement de thématisation s'inverse »* – et il faut être sensible à ce « virement », à cette « inversion » de la direction que nous avons déjà rencontrée dans d'autres contextes auparavant (notamment dans la « jouissance » et dans la « féminité », dont elle se distingue pourtant). La vérité est fondée dans la justice parce que l'accueil d'Autrui qui a lieu au fondement de la thématisation est la conscience de mon *in*justice à son égard – ce qui signifie pour Levinas que la vérité n'est pas « dévoilement », mais « expression »[1]. Le parallèle entre la recherche du fondement théorique et la dimension éthique est ici strict : de même que le doute – c'est-à-dire ce qui réveille ce désir du fondement, ce qui nous pousse à nous interroger d'une manière de plus en plus approfondie sur les « conditions de possibilité » – suppose l'idée du parfait, le fait de l'injustice vécue concrètement, dans le phénomène de la *honte*, suppose la justice. – On voit ainsi, soit dit en passant, que Levinas donne à la honte une dimension plus complexe que Sartre (dans *L'Être et le néant*) parce que celle-ci n'est pas seulement le phénomène livrant une attestation concrète de l'intersubjectivité (ce qui montre d'ailleurs, comme Sartre l'avait déjà bien vu, qu'elle n'est pas constituée dans un cadre purement théorique), mais ouvre à la dimension

1. TI, p. 43. Ailleurs, Levinas de préciser : « La vie de l'expression consiste à défaire la forme où l'étant, s'exposant comme thème, se dissimule par là même », *ibid.*, p. 61.

de l'altérité à la source de toute recherche d'un fondement théorétique. – Si Levinas critique l'idée de l'être (heideggerien) comme lumière qui n'éclaire que l'« ouvert » du monde, dans lequel le *Dasein* ne se rencontre finalement que lui-même, c'est au nom du soleil (platonicien), source *à la fois* du Vrai *et* du Bien.

Levinas s'oppose ainsi à toute la tradition philosophique « *idéaliste* » qui cherchait le fondement de soi dans le soi *lui-même*. Il ne cherche ni le « connais-toi toi-même » socratique, ni la « conscience de soi [*Selbstbewusstsein*] » kantienne ou post-kantienne, « accompagnant » nécessairement toute conscience. Le soi est *créature*. Levinas la définit, essentiellement, non pas comme produit d'un créateur, mais comme unité de la liberté et de la descente en deçà de la liberté.

> L'unité de la liberté spontanée œuvrant droit devant elle et de la critique où la liberté est capable de se mettre en cause et, ainsi, de se précéder – s'appelle créature. La merveille de la création ne consiste pas seulement à être création *ex nihilo*, mais à aboutir à un être capable de recevoir une révélation, d'apprendre qu'il est créé et à se mettre en question. Le miracle de la création consiste à créer un être moral [1].

La « créature » est ainsi l'être transcendantal (au sens de Levinas) par excellence : elle contient en elle-même la capacité de questionner ses propres conditions. Mais contrairement au *Dasein* heideggerien dont la structure ontologique du « pouvoir-être » expliquait déjà la percée dans les possibilités ultimes [2] et qui ne s'inscrit pas, on l'a compris, dans une perspective éthique, la créature a ceci de particulier qu'elle est

1. TI, p. 88.

2. Nous en trouvons le développement le plus détaillé dans le § 31 de *Sein und Zeit*, *op. cit.* Sur ce point, *cf.* notre ouvrage *De l'existence ouverte au monde fini*, *op. cit.*, p. 75.

en même temps une remise en question par Autrui. Comme nous l'avons déjà souligné dans notre Avant-propos, c'est en cette remise en question que consiste en effet son être moral.

* * *

Dans ce qui précède, l'altérité s'est déjà manifestée selon des aspects multiples. Après avoir abordé les différentes dimensions « en deçà » du visage – tant sur le plan de la *vie* que sur celui des déterminations *conceptuelles* susceptibles d'être mises en évidence à ce niveau – nous pouvons maintenant « faire face » au *visage*. Nous atteignons ici à l'altérité en ce qu'elle a de plus radical.

Chapitre VIII

LE VISAGE

Le visage est le concept central (et le plus célèbre) de la phénoménologie lévinassienne. Avant de l'aborder eu égard à sa « teneur » propre, il faut d'abord faire une remarque concernant son statut méthodologique. Quoiqu'appartenant de manière évidente au champ lexical de la vision, de la vue et du vu – étymologiquement ce mot renvoie autant au « sens de la vue » qu'au « champ visuel », autant à l'« action » ou la « faculté de voir » qu'à cela même « qu'on voit », autant au « voir » qu'à l'« aspect » ou à l'« apparence » –, il *transcende* précisément toute perspective philosophique (classique) de la vision. Le visage n'est pas accessible dans le *voir*, car celui-ci – qui assure et livre par excellence une *perception* – relève de la *totalité*. Avec sa phénoménologie du *visage* – ou plutôt sa « grammatologie du visage » puisque le visage n'« apparaît » pas proprement, mais relève de « la *trace*[1] où passe (de) l'altérité »[2] –, Levinas fait imploser l'*intuition*[3] qui est, on le sait, « le principe de tous les principes » de la phénoménologie

1. À propos de la notion de « trace », *cf.* HAH, p. 66 *sq.*

2. A. Lingis, « Préface à l'édition américaine d'*Autrement qu'être ou au-delà de l'essence* », dans *Levinas, op. cit.*, p. 166.

3. Voir aussi TI, p. 61 *sq.*

husserlienne[1], car il opère précisément une *rupture* avec les formes de la phénoménalité et de l'apparaître[2].

Le visage est le *point culminant* du mouvement de « transascendance », mais non pas son *terme*. – En effet, comme nous le verrons en détail, ce mouvement se poursuivra « au-delà du visage ». – Ce qui caractérise fondamentalement et essentiellement le statut de ce point culminant – telle sera la thèse du présent chapitre –, c'est que le visage est le phénomène de l'*immédiateté* absolue que Levinas appelle aussi la « nudité ». Ici, le transcendantal lévinassien se rétrécie en quelque sorte à un point zéro : nul conditionnement, nul dépassement, le visage est *expression*, *révélation*. Ce phénomène se traduit d'une double manière dans la phénoménologie lévinassienne : par une fonction proprement *phénoménologique* à travers laquelle Levinas se démarque de Husserl et de Heidegger, et par une fonction *éthique*. Bien que nous abordions ces deux fonctions séparément, elles n'en renvoient pas moins à une seule et même idée : celle de ce que nous appelons une « phénoménologie transcendantale sans phénoménalité ».

* * *

La notion de visage concentre les acquis des critiques de Husserl et de Heidegger et permet de déployer une alternative *positive* à ces conceptions renvoyées dos à dos. Le visage est rapport *non objectivant*, rapport à un être qui *conserve une*

1. Voir le § 24 des *Ideen I*, Paris, Gallimard, 1950. La refonte *richirienne* de la phénoménologie transcendantale – avec sa distinction entre la « base » et le « fondement » – propose elle aussi une telle remise en cause (sur ce point, *cf.* notre ouvrage *Le sens se faisant*, *op. cit.*). Pour notre part, nous l'avons poursuivie dans une autre direction, en esquissant les linéaments d'une « phénoménologie constructive », voir à cet égard *Hinaus. Studien zur phänomenologischen Metaphysik und Anthropologie*, *op. cit.*

2. TrI, p. 18.

extériorité totale; et, en même temps, *immédiateté*, *nudité*, *dénuement*.

Tout d'abord, le visage n'est pas le corrélat d'une visée intentionnelle. Aussi a-t-il un statut tout à fait insigne : au cœur de la phénoménologie lévinassienne, il ne relève plus, *stricto sensu*, de la phénoménologie. Le visage, complètement réfractaire à toute emprise objectivante, englobante, totalisante, *n'apparaît pas* (du visage, il y a plutôt « épiphanie », cf. *infra*). Nous l'avons vu, le mode d'« apparition » propre au visage est la « *trace* ». Mais de cette critique de Husserl, Levinas ne tire pas les mêmes conclusions que Heidegger. C'est que, selon lui, le visage n'obtient pas sa signification d'un rapport de renvoi(s) relatif(s) à d'*autres* significations. Le visage « est sens à lui seul ». Levinas précise que le visage se soustrait à la question « qu'est-ce que ... ? » ou « quoi ? ». Comme le souligne à juste titre L. Tengelyi : « *évasion d'autrui* », telle est l'expression conceptuelle exprimant la manière dont autrui se soustrait à toute détermination, à toute relation, même à celle avec moi[1]. La question adéquate est bien plutôt : « qui ... ? » Plus particulièrement : « La question *qui*? vise un visage. La notion du visage diffère de tout contenu représenté. Si la question *qui* ne questionne pas dans le même sens que la question *quoi*, c'est qu'ici *ce qu*'on demande et *celui* qu'on interroge, coïncident. Viser un visage, c'est poser la question *qui* au visage même qui est la réponse à cette question. Le répondant et le répondu coïncident »[2]. On comprend par là que, eu égard à son statut « ontologique » (ou plutôt : « méta-ontologique »), le visage occupe dans la phénoménologie lévinassienne une place équivalente à celle du *Dasein* dans

1. L. Tengelyi, *L'histoire d'une vie et sa région sauvage*, Grenoble, J. Millon, 2005, p. 226.

2. TI, p. 193.

l'ontologie phénoménologique heideggerienne[1]. En effet, pour rendre compte de l'être du *Dasein*, Heidegger avait reconfiguré la terminologie de l'ontologie traditionnelle. L'être du *Dasein*, loin de se laisser caractériser par l'ancienne distinction entre l'essence et l'existence, était défini par le fait que *son essence consistait précisément à exister*. C'est à cette identification que fait écho, chez Levinas, la coïncidence du « quoi » (du « ce que ») et du « qui ».

Dans l'architectonique globale de *Totalité et infini*, le visage constitue un « ressaut » qui marque sa *transcendance radicale*. Le visage brise la totalité; en vertu de sa transcendance s'ouvre le « hors la totalité ». Il est l'« origine de l'extériorité »[2]. Ainsi, il tranche complètement avec l'expérience *sensible*, au sens de la « jouissance » et de l'« égoïsme ». « La relation avec le visage peut certes être dominée par la perception, *mais ce qui est spécifiquement visage, c'est ce qui ne s'y réduit pas*. […] La peau du visage est celle qui reste la plus nue, la plus dénuée. La plus nue, bien que d'une nudité décente. La plus dénuée aussi : il y a dans le visage une pauvreté essentielle; la preuve en est qu'on essaie de masquer cette pauvreté en se donnant des poses, une contenance »[3]. Mais en quoi le sens phénoménologique de ce dénuement, de cette nudité, ne se réduit-il pas à la perception sensible? Quel en est le sens proprement phénoménologique?

Levinas définit le visage comme la « manière dont se présente l'Autre, dépassant *l'idée de l'Autre en moi* »[4]. On pourrait dire que le visage – si l'on se rappelle que le

1. Cela est d'autant plus vrai, nous l'avons vu à la fin du chapitre V, que le visage, au-delà de tout possible, ouvre d'abord à toute possibilité concrète de l'existence humaine.

2. TI, p. 293.

3. EI, p. 80 (nous soulignons).

4. TI, p. 43.

« *schêma* » grec signifie « figure » – « schématise » l'idée de l'infini. L'idée de l'infini désigne cette relation tout à fait spécifique avec un être qui, tout en étant *lié* à celui qui le pense, demeure dans une *extériorité radicale* vis-à-vis de lui [1]. Avec l'idée de l'infini, nous sommes *en face de l'extériorité*. Celle-ci fait face sans être « identifiée », sans entrer dans la sphère du Même [2]. Dans l'histoire de la philosophie, en général, et dans celle de la philosophie *transcendantale*, en particulier, on rencontre cette figure de l'extériorité déjà chez Fichte. La formule lévinassienne « [l]'extériorité absolue de l'être extérieur, ne se perd pas purement et simplement du fait de sa manifestation ; il s'"absout" de la relation où il se présente » [3] caractérise très exactement, dans les *Doctrines de la Science* tardives (par exemple dans celle de 1813), le rapport entre l'être (« absolu ») et le « dehors » [4] qui le manifeste (et que Fichte appelle d'ailleurs le « phénomène »). La dimension « manifestante », « présentante », « phénoménale », est ici décisive – chez Fichte autant que chez Levinas. Pour distinguer cette manifestation *respectant l'extériorité radicale*, d'un côté, de tout « phénomène », au sens husserlien, entrant dans la sphère « immanente » de la conscience constituante, de

1. Notons que la « *créature* » (cf. *supra*) est *l'exact symétrique de l'idée de l'infini*. Dans la mesure précise où, dans cette dernière, le penser est dépassé par le pensé (quoiqu'il se tienne vis-à-vis de lui dans une certaine forme d'indépendance), la créature dépend d'un autre vis-à-vis duquel il est en même temps indépendant : « La créature est une existence qui, certes dépend d'un Autre, mais pas comme une partie qui s'en sépare. [...] La création laisse à la créature une trace de dépendance, mais d'une dépendance sans pareille : l'être dépendant tire de cette dépendance exceptionnelle, de cette relation, son indépendance même, son extériorité au système », TI, p. 108.

2. TI, p. 196.

3. TI, p. 42. Voir aussi p. 213.

4. L'être absolu étant une extériorité absolue, le phénomène « sortant » de lui, étant extérieur à lui, est en effet un « dehors » vis-à-vis de lui.

l'autre, Levinas utilise l'expression « épiphanie du visage »[1]. L'épiphanie désigne une manifestation ou une présentation du « caractère distinctif des formes comme telles »[2] – qui les *préserve* précisément dans ce caractère distinctif.

L'importance phénoménologique décisive de l'analyse du visage consiste dans le fait que celui-ci ouvre au sens « avant » que n'importe quelle « intention signitive » confère de signification à ce qu'elle vise (*cf.* les *Recherches Logiques* de Husserl). Pour Levinas, cela implique que cette « donation de sens » absolument originaire, *en amont du moi*, s'effectue « *sans aucun intermédiaire d'image ou de signe* »[3]. Avec le visage, Levinas ouvre une phénoménologie de l'*immédiat* qui, nous l'avons vu, met en même temps en œuvre sa conception du *langage*.

> La philosophie de l'immédiat ne se réalise ni dans l'idéalisme berkeleyen, ni dans l'ontologie moderne. Dire que l'*étant* ne se dévoile pas dans l'ouverture de l'être, c'est dire que nous ne sommes jamais avec l'étant comme tel, directement. L'immédiat est l'interpellation et, si l'on peut dire, l'impératif du langage. L'idée du contact ne représente pas le mode originel de l'immédiat. Le contact est déjà thématisation et référence à un horizon. L'immédiat, c'est le face à face[4].

La présence du visage est « dénuement » – nous retrouvons ici cet autre sens de la « nudité » (*cf.* le chapitre III) –, nécessaire repli sur une immédiateté[5], antérieure à toute ouverture au

1. TI, p. 43, 196, 203, 211, 213, 217, 218, 227, 234, 242, 244, 249, 273, 293.
2. TI, p. 54.
3. TI, p. 235 (nous soulignons).
4. TI, p. 44 (passage déjà partiellement cité).
5. Levinas précise à ce propos dans *Autrement qu'être ou au-delà de l'essence* : « L'immédiateté, c'est la défection de la représentation en visage, en "abstraction concrète" arrachée au monde, aux horizons, aux conditions, incrustée dans la signification sans contexte, de l'un-pour-l'autre venant du

visé. Ce dénuement – et en cela consiste donc proprement son sens phénoménologique – signifie la plongée, ou le « ressaut », dans un rapport pré-intentionnel, *sans médiation* et *différant de tout contenu représenté*. – Notons qu'il ne faut pas confondre le caractère « non phénoménal » du visage avec ce que Husserl appelle, à la fin du § 39 des *Leçons pour une phénoménologie de la conscience intime du temps* (en se référant à la temporalité originairement constitutive de la temporalité immanente), le « pré-phénoménal » ou le « pré-immanent ». L'immédiateté du visage *transcende radicalement* la sphère de la conscience intentionnelle, elle ne se laisse donc ramener à aucune forme de « pré-immanence ».

Par ailleurs, ce dénuement exprime aussi une *absence de tout renvoi* à quelque chose. Et comme le disent très bien deux disciples de Levinas : « Ne renvoyant à rien, le visage renvoie : est ici en jeu une certaine idée de la création. Celle-ci pourrait constituer une clef de lecture pour toute l'œuvre de Levinas »[1]. Ce passage du verbe intransitif au verbe transitif exprime très précisément l'« inversion » (dont nous avons traité dans le chapitre précédent), au-delà de celle que constitue le rapport à la féminité, que produit justement le visage. (Et cette acception de la « création » renvoie de façon symétrique à la notion de « créature » dont il a également déjà été question plus haut).

Mais la « radicalité » qu'exprime l'épiphanie du visage a encore un troisième sens. En dehors de ce dénuement absolu, de ce repli sur l'immédiateté, et en dehors aussi de cette absence de renvoi, le visage, dans la mesure où l'essence du *langage* est relation avec Autrui, introduit, à l'inverse, du radicalement *nouveau* dans une pensée. « L'absolument nouveau, c'est

vide de l'espace, de l'espace signifiant le vide, de l'espace désert et désolé, inhabitable comme l'homogénéité géométrique », AE, p. 146.

1. S. Petrosino, J. Rolland, *La vérité nomade*, *op. cit.*, p. 104.

Autrui »[1]. Levinas s'oppose par là à la doctrine platonicienne du souvenir, à la monadologie leibnizienne et à la phénoménologie husserlienne du temps. Pour lui, cette dernière formalise, en effet, sur un plan conscientiel, l'idée que, grâce à l'« anamnèse », l'âme ne saurait trouver en elle que ce qui a toujours déjà été mise en elle, ou encore cette autre idée que les monades n'ont ni porte, ni fenêtre. Cette formalisation est effectuée dans la célèbre analyse de l'« intentionnalité protentionnelle », intentionnalité – ne correspondant plus proprement à une « intentionnalité d'acte » – qui constitue l'horizon d'anticipation (certes enchevêtré rétentionnellement) de tout ce qui peut, en droit, se présenter à la conscience[2].

* * *

Or, l'idée selon laquelle le visage manifeste et figure littéralement le dépassement du penser par le pensé se traduit très précisément, sur le plan éthique, par sa *vulnérabilité* qui fait appel à ma responsabilité et suscite ma compassion. De même que l'*ideatum* de l'idée dépasse infiniment l'idée elle-même, rien ne saurait limiter ma responsabilité éthique vis-à-vis d'autrui qui apparaît pour Levinas à travers la figure de l'« étranger », du « pauvre », de la « veuve » et de l'« orphelin ». Cette responsabilité infinie (cf. *infra*), que Levinas assume pleinement, n'est pas *exigée*, n'est pas prescrite de manière normative, mais *exprime* (et transpose), sur le plan de l'agir, le contenu même de l'idée de l'infini. Détaillons davantage le sens de cette nudité du visage qui le rend vulnérable et sans défense.

1. TI, p. 242.

2. *Cf.* notre ouvrage *Temps et phénomène. La phénoménologie husserlienne du temps (1893-1918)*, Hildesheim, Olms, 2004.

Le visage n'est jamais un « contenu », au sens strict où il ne saurait être contenu « dans » la conscience. Le visage échappe à toute saisie, à toute tentative d'être enveloppé par le moi. « *L'épiphanie du visage est éthique* »[1]. Pourquoi cette référence à l'éthique ?

Le visage est d'une part ce qui transcende toute saisie, toute maîtrise, toute possession. Or le moi, face à cette instance ce soustrayant à tout pouvoir que je pourrais avoir sur elle, ne peut faire valoir son essence (qui est « l'œuvre originelle de l'identification », donc le désir, justement, de pouvoir et de maîtrise) qu'en aspirant à une « *négation totale* ». Cette dernière est celle du *meurtre*. (Nous retrouvons ainsi ce rôle décisif du meurtre qui nous est familier du chapitre « Le temps et la mort ».) Mais, d'autre part, *le visage oppose au meurtre une résistance infinie qui est précisément la « résistance* ÉTHIQUE » : « L'infini [de la transcendance d'autrui] paralyse le pouvoir [du moi] par sa résistance infinie au meurtre, qui, dure et insurmontable, luit dans le visage d'autrui, dans la nudité totale de ses yeux, sans défense, dans la nudité de l'ouverture absolue du Transcendant. Il y a là une relation non pas avec une résistance très grande, mais avec quelque chose d'absolument *Autre* : la résistance de ce qui n'a pas de résistance – la résistance éthique »[2]. Le rapport éthique est ainsi *au cœur* du

1. TI, p. 218.

2. TI, p. 217. Nous trouvons une bonne récapitulation de la dimension éthique du visage dans l'entretien (avec Christian Chabanis) « Le philosophe et la mort », dans *Altérité et transcendance* : « La première chose évidente dans le visage de l'autre, c'est cette rectitude de l'exposition et ce sans-défense. L'être humain dans le visage est le plus nu, le dénuement même. Et en même temps, il fait face. C'est à la manière dont il est tout seul dans son faire face qu'on mesure la violence qui se perpètre dans la mort.

Troisième moment de l'épiphanie du visage : il me demande. Le visage me regarde et m'appelle. Il me réclame. Que demande-t-il ? De ne pas le laisser seul. Une réponse : me voici. Ma présence vaine, peut-être, mais mouvement

rapport – considéré dans toute sa radicalité (ou dans ce que Jaspers appelle une « situation limite ») – entre autrui et le moi. À la négation *totale*, procédant du Même, s'oppose une résistance *infinie*, procédant de l'Autre – le visage concentre ainsi la quintessence du mouvement même que décrit *Totalité et infini*.

L'épiphanie du visage a aussi des conséquences anthropologiques. L'être baignant dans l'élémental, s'appropriant les choses, se recueillant dans la demeure, vivant son rapport intime, à deux, avec la femme, *n'est pas encore humain*. L'humanité ne s'instaure que dans le rapport absolument transcendant au *visage* en même temps que dans la présence du « *tiers* ». « L'épiphanie du visage comme visage, ouvre l'humanité »[1]. Ce rapport au tiers a une double signification. D'une part, le tiers représente effectivement « l'humanité tout entière » dans les yeux qui me regardent. Le visage n'éveille pas seulement ma responsabilité vis-à-vis d'un autre individu, mais vis-à-vis de *tout* humain – d'où d'ailleurs le caractère illimité de cette responsabilité. Mais, comme Levinas le souligne à plusieurs reprises ultérieurement[2], le tiers, « à côté d'autrui », est aussi ce qui permet d'instaurer une justice, de sortir du rapport seul avec l'autre (dans lequel « je lui dois tout »). Tout en insistant sur la priorité du rapport *interpersonnel* (auquel ne fait pas suffisamment droit, selon lui, la conception de Hegel et d'É. Weil d'une « rationalité pure de

gratuit de présence et de responsabilité pour autrui. Répondre me voici, c'est déjà là la rencontre du visage », AT, p. 166.

1. TI, p. 234. Cette idée peut être mise en rapport avec la conception richirienne du « sublime », selon laquelle c'est l'échange de regard entre la mère et le nourrisson qui institue l'humain. Sur ce point, *cf.* le chapitre II de la seconde partie de notre ouvrage *Le sens se faisant*, *op. cit.*

2. Voir par exemple EI, p. 84.

la justice »), Levinas défend en même temps le caractère nécessaire et inéluctable des institutions.

La transcendance du visage ouvre l'humanité – et par là, elle ouvre aussi la *liberté*. « Et si l'autre peut m'investir et investir ma liberté par elle-même arbitraire, c'est que moi-même je peux en fin de compte, me sentir comme l'Autre de l'Autre »[1]. C'est que ma responsabilité – à laquelle autrui en appelle – précède ma liberté (et non pas l'inverse, comme c'est le cas dans toute philosophie du Même).

* * *

Récapitulons les acquis essentiels de ce chapitre (en rapport avec la troisième section de *Totalité et infini*). En quoi la « phénoménologie » du visage – terme dont le caractère inapproprié a déjà été souligné à plusieurs reprises – donne-t-elle plus exactement lieu à une « phénoménologie transcendantale sans phénoménalité » ?

Le visage est autant transcendance radicale qu'immédiateté irréductible. Il est *antérieur* à toute *représentation*, à tout rapport *intentionnel*, à toute *visée* d'*objet*, à toute *sortie de soi* dans (ou vers) le *monde*. Or, cette conséquence radicale de la « ruine de la représentation », solidaire de l'absence de toute signi-fication et de toute médiation, aboutit, en dernière instance, à une défection de la phénoménalité. La phénoménalité que le visage sape, qu'il réduit à son apparence fantomatique, « n'indique pas simplement une relativité de la connaissance ; mais une *façon d'être*[2] où rien n'est ultime, où tout est signe, présent s'absentant de sa présence et, dans ce sens,

1. TI, p. 83.

2. Le visage, *antérieur* à toute phénoménalité ouvre aussi, nous l'avons indiqué, à une perspective *en deçà* du clivage *théorie de la connaissance/ontologie*.

rêve »[1]. En mettant au jour le face à face avec le visage, la phénoménologie lévinassienne monte et descend en même temps vers un non-lieu en deçà de la phénoménalité. C'est cela qui constitue par ailleurs la quintessence de la perspective « *éthique* » de Levinas qu'il résume ainsi (en termes de « "vision" eschatologique » qui en dévoile encore une fois le statut *transcendantal*) : « La vision eschatologique [...] met en relation avec l'infini de l'être, qui dépasse la totalité. La première "vision" de l'eschatologie [...] atteint la possibilité même de l'eschatologie c'est-à-dire la rupture de la totalité, la possibilité d'une *signification sans contexte*. L'expérience de la morale ne découle pas de cette vision – elle *consomme* cette vision, l'éthique est une optique. Mais "vision" sans image, dépourvue des vertus objectivantes synoptiques et totalisantes de la vision [...] »[2].

1. TI, p. 194. *Cf.* la détermination fichtéenne du réel comme « rêve d'un rêve » à la fin du livre II de la *Détermination de l'homme*.

2. TI, p. 8.

CHAPITRE IX

L'APOLOGIE ET LA RESPONSABILITÉ

En parvenant jusqu'à la transcendance radicale du visage, le mouvement de « transascendance » n'est pas encore arrivé à son terme. *Il y a un « au-delà du visage »!* Cet au-delà, nous y avons déjà fait référence plus haut, laisse apparaître un autre aspect de la *féminité*. Mais surtout, il révèle un autre aspect du *moi*. C'est pourquoi, dans ce qui suit, nous reviendrons une nouvelle fois sur la notion de « subjectivité ». Ce nouvel aspect apportera une contribution décisive à l'éthique occidentale, en général, et clarifiera davantage le statut de l'éthique dans la phénoménologie transcendantale lévinassienne, en particulier.

* * *

La subjectivité est parvenue à ses limites avec la *mort* qui la met face à un événement qui transcende absolument son pouvoir, et avec le *visage* qui la met face à l'altérité radicale. Tout se passe donc comme si, avec ces rapports à la mort et au visage, la subjectivité était parvenue à une limite infranchissable et définitive. Et pourtant, il y a un phénomène – marqué par l'« *ambiguïté* », l'« *équivoque* », qui traverse tout le projet lévinassien – celui de la «*patience*», qui «immunise», en quelque sorte, la subjectivité contre le verdict transcendant. De quoi s'agit-il plus précisément ?

La « patience » est la dimension *affective*, *originairement* affective, d'un phénomène qui est tout à fait déterminant pour la théorie lévinassienne de la subjectivité, d'un côté, et sa conception de l'éthique, de l'autre. Ce phénomène est celui d'une *reprise maîtrisée de soi dans le subir passif*, le moment où « la passivité extrême devient la maîtrise extrême »[1] (nous montrerons qu'il s'agit là d'un autre aspect de la compréhension lévinassienne du transcendantal). Levinas pointe ici une dimension de la passivité qui est bien en deçà de toutes « synthèses passives » qui sont à leur tour au fondement des « synthèses actives ». L'affectivité originaire est en effet « patience », ce qui veut dire que le moi, notamment dans le cas de la souffrance physique, est en mesure de creuser une « distance », un « écart », entre le « *présent* du mal » et la conscience de celui-ci, « toujours encore l'*avenir* du mal ». Cette ambiguïté, qui se présente une fois de plus dans son horizon *temporel*, se donne ici dans son versant affectif. Nous verrons plus loin quelles sont ses autres implications.

Jusqu'à présent, le moi a d'abord été considéré en termes de « séparation », de « jouissance », d'« égoïsme ». Cependant, il a aussi une seconde caractéristique qui le met en rapport à autrui. En effet, la distinction – introduite par Levinas dès le début de *Totalité et infini* – entre l'« athéisme » et la « religion » caractérise en fait deux dimensions du moi. L'athéisme concerne « cette séparation si complète que l'être séparé se maintient tout seul dans l'existence sans participer à l'Être dont il est séparé – capable éventuellement d'y adhérer par la croyance. La rupture avec la participation est impliquée dans cette capacité. On vit en dehors de Dieu, chez soi, on est moi, égoïsme. L'âme – la dimension du psychique – accomplissement de la séparation, est naturellement athée »[2]. La religion, en revanche, désigne « le lien qui s'établit entre le Même et

1. TI, p. 266.
2. TI, p. 52.

l'Autre [entre moi et autrui], sans constituer une totalité »[1]. Autrement dit, le moi est autant repli sur soi que lien avec autrui, immanence radicale et transcendance non totalisable. Ce n'est que la *conjonction* de ces deux aspects qui permet de véritablement comprendre la richesse et la complexité de l'acception lévinassienne de la subjectivité. Or, comme ce deuxième aspect n'a pas encore été traité en détail jusqu'ici, il s'agira à présent de saisir toute la teneur de ce « privilège » et de cette « élection » du moi.

* * *

Le moi n'est pas seulement jouissance, il est aussi « *apologie* ». En quoi consiste sa « position apologétique » ? La réponse à cette question exige une première clarification. Comme nous l'avons déjà dit dans le chapitre v, Levinas considère, à la suite de Platon, que tout ce qui *est* peut en droit se trouver accompagné de (ou redoublé par) son *simulacre*, être « *illusoire* » et « *inconsistant* ». Et il précise : « [l]e pouvoir de l'illusion n'est pas un simple égarement de la pensée, mais un *jeu dans l'être même. Il a une portée ontologique* »[2], tout en ajoutant que l'apologie – qu'il définit comme un « appel à autrui », comme l'acte de « *justifier* de sa liberté devant l'autre »[3] – ne relève précisément pas d'une telle illusion (qui touche bien plutôt le règne de la *représentation*). Pour le dire d'une manière très prégnante, il s'agit de « présenter la vie intérieure [...] comme *événement* de l'être, comme ouverture d'une dimension *indispensable*, dans l'économie de l'être, *à la production de l'infini* »[4]. Mais en quoi consiste alors exacte-

1. TI, p. 30.
2. TI, p. 268 (nous soulignons).
3. Voir TI, p. 282 (nous soulignons).
4. TI, p. 268 (nous soulignons).

ment une telle «justification» (au-delà de ce qui a déjà été établi dans le chapitre « Vérité et justice »)?

Cette notion a une double signification. D'un côté, comme cela apparaissait déjà plus haut, la vérité « se justifie » (au sens d'une «déduction transcendantale»). Quelle vérité doit ici être justifiée? Celle de l'apologie. D'un autre côté, la justification renvoie aussi à un sens proprement éthique puisqu'il s'agit précisément de justifier (au sens d'une légitimation ou d'une «confirmation» morale) de sa liberté devant les autres libertés (sachant que la liberté intérieure appelle «*de soi*»[1] une telle confirmation!). Comme nous le verrons plus bas, ce sens, qui dévoilera en même temps toute la signification de ce caractère «apologétique» de la vie intérieure, fondera effectivement la dimension éthique du transcendantalisme lévinassien.

Dans tout l'important chapitre «*La vérité du vouloir*» à la fin de la section III de *Totalité et infini*, Levinas utilise le terme de «jugement» à la place de celui de «justification» – qui introduit de plus, à l'évidence, une dimension *religieuse*. «L'apologie demande un jugement [...] pour obtenir justice»[2]. Mais qui énonce ce «jugement»? On ne peut répondre à cette question que si l'on inscrit la conception lévinassienne dans son opposition à la théorie hégélienne de la liberté.

Le problème pour Levinas est en effet de justifier sa conception d'une liberté « subjective », « apologétique », *sans tomber sous le coup de l'accusation hégélienne à l'encontre du « subjectivisme » en morale*, en général, *et de la « liberté illusoire »*, en particulier. On connaît cette critique adressée autant au stoïcisme qu'à Kant et à Fichte : une liberté s'affir-

1. *Ibid.*

2. TI, p. 268. Rappelons que Levinas associait, au début de *Totalité et infini*, la «justice» à l'«éthique», par opposition à la «liberté» associée à son tour à l'« ontologie » (au sens heideggerien du terme), *cf.* TI, p. 36 *sq.*

mant dans une simple intention ou même dans une simple parole, mais n'ayant aucune « effectivité » (par exemple la parole d'un prisonnier ou d'un esclave qui affirme la liberté de sa pensée et de sa volonté tout en étant enchaîné), laquelle effectivité ne s'acquiert que dans l'inscription dans une *institution* sociale ou politique, est simplement « *abstraite* » – et donc *illusoire*. Une telle institution, réalisant concrètement l'universalité de la loi morale, prononce par là un « jugement objectif », contre lequel s'élève, on le sait également, la résistance *kierkegaardienne* – à laquelle Levinas est très sensible – vis-à-vis de la « tyrannie de l'universel et de l'impersonnel ». Or, c'est ici que l'apologie prend tout son sens. Elle éclot dans son opposition au jugement de la raison universelle et impersonnelle (hégélienne) que Levinas associe, nous l'avons déjà vu au début de l'ouvrage, au « jugement de l'*histoire* » :

> Le jugement de l'histoire se prononce toujours par contumace. L'absence de la volonté à ce jugement consiste en ce qu'elle ne s'y présente qu'à la troisième personne. Elle figure dans ce discours comme dans un discours indirect où elle a déjà perdu sa tenue d'unicité et de commencement où, elle a déjà perdu la *parole*. Or, la parole à la première personne, le discours direct, inutile à la sagesse objective du jugement universel – ou simple donnée de son enquête – consiste précisément à apporter *incessamment*[1] une donnée qui s'ajoute à ce qui – objet de la sagesse universelle – ne souffre plus aucune adjonction. Cette parole ne se confond donc pas avec les autres paroles du jugement [*i.e.* avec le jugement de l'histoire]. Elle présente la volonté à son procès, elle se produit comme sa défense. La présence de la subjectivité au jugement qui lui assure la vérité, n'est pas un acte de présence purement numérique, mais une *apologie*[2].

1. Cf. *supra*, le chapitre « Le temps et la mort » (c'est Levinas qui souligne).

2. TI, p. 271 (nous soulignons).

L'apologie consiste ainsi en ceci que la subjectivité *porte elle-même secours* à son propre jugement. Mais il faut éviter ici un contresens : il ne s'agit pas de porter secours à soi-même en cherchant sans cesse des arguments ou des faits pour simplement défendre son point de vue, pour donner une apparence de légitimité à son égoïsme, mais il faut que la subjectivité « puisse, *par-delà l'apologie*, *VOULOIR son jugement* »[1]. Nous touchons ici à un point capital que nous avons déjà rencontré dans le chapitre « Le temps et la mort » et sur lequel nous reviendrons encore une fois un peu plus loin : le scénario à combattre, pour Levinas, est le néant (angoissant) de la mort comme possibilité – ultime – de l'impossibilité d'exister : « Ce n'est pas le néant de la mort qu'il faut surmonter, mais la passivité à laquelle la volonté s'expose en tant que mortelle, en tant qu'incapable d'attention absolue ou de veille absolue et en tant que nécessairement surprise, en tant qu'exposée au meurtre »[2]. Que veut alors dire, pour le moi, « vouloir son jugement » ? Et comment faut-il comprendre cette exposition au « meurtre » ?

Levinas relie en effet dans une *autre* figure – celle du « *moi apologétique* » et de sa « *responsabilité* » – deux phénomènes qui ont déjà été mis en rapport auparavant, lorsqu'il a été question du *temps*. Ces deux phénomènes sont l'altérité *radicale* (appelée ici « *Dieu* », qui formule à son tour un « jugement ») et l'altérité *personnelle* (en tant qu'*autrui*). Et ce qui sert de nouveau de médiateur, c'est précisément le « *meurtre* ». L'idée fondamentale étant que dans le fait de « vouloir son jugement » s'opère une *inversion* : celle, « sous le jugement de Dieu », précisément, *de « la peur de la mort » en « peur de commettre un meurtre »*[3].

1. *Ibid.* (nous soulignons).
2. TI, p. 271.
3. TI, p. 273.

Se reflète alors ici, sur un plan proprement éthique, le scénario que nous avons déjà analysé plus haut – à savoir la priorité de la sortie de soi vers l'*autre* sur la sortie de soi vers le *monde* (laquelle reste, pour Levinas, prisonnière du « même »). « Vouloir mon jugement » signifie dès lors assumer ma *responsabilité* d'autrui. Ce qui porte secours à moi-même, c'est l'autre *dont je réponds* – donc non pas autrui en tant que tel, mais précisément *ma responsabilité* à son égard. Nous avons vu que le transcendantal lévinassien se définissait par un « conditionnement mutuel », par l'idée que ce qui conditionne est à son tour conditionné par cela même qu'il conditionne. Or, ici, nous retrouvons ce motif, sur le plan éthique, sous la forme de l'« assistance »[1] et du fait de « porter secours » : je ne peux être jugé par l'Autre – dont je reste séparé et ce, à un tel point que, « indispensable à la production de l'infini »[2], j'en suis en quelque sorte la « source inépuisable »[3] – que si je veux être jugé, si je porte secours à ce jugement; et ce vouloir exige l'idée d'assumer ma responsabilité à l'égard d'autrui – le passage de cet Autre radical (=Dieu) à autrui étant assuré, nous insistons, par l'inversion évoquée de la peur de mourir en peur de tuer. Je ne peux être jugé que par celui dont je réponds. Et le « jugement de Dieu » n'est donc pas un jugement universel et impersonnel, énoncé par un « esprit absolu », mais un jugement auquel la subjectivité acquiesce de la sorte.

* * *

1. « Mon être se produit en se produisant aux autres dans le discours, il est ce qu'il se révèle aux autres, mais en participant à sa révélation, en y assistant », TI, p. 283.

2. Cf. *supra*.

3. Cette « ambiguïté », marquant ce double rapport de dépendance entre la subjectivité et l'altérité, en constitue proprement le rapport « religieux ».

Clarifions davantage ce lien, absolument décisif, entre la transcendance et le moi au cœur de l'éthique de Levinas. Le concept clef, ici, est la *responsabilité*, plus exactement, l'*infini* de la responsabilité – où se relient, voire « se réconcilient », donc, subjectivité et (idée de l')infini. Levinas l'aborde selon une perspective qui, sur le plan *formel*, rappelle autant, chez Bergson, la plongée dans le souvenir, que, chez Heidegger, le rapport à la possibilité la plus extrême : « *L'infini de la responsabilité ne traduit pas son immensité actuelle, mais un accroissement de la responsabilité, au fur et à mesure qu'elle s'assume* »[1], ce qui fait évidemment écho à la manière dont, dans *Sein und Zeit*, Heidegger conçoit l'accroissement de la « possibilité » dans le devancement de la mort : « *La proximité la plus proche de l'être pour la mort en tant que possibilité est aussi éloignée que possible d'un effectif*. Plus cette possibilité est comprise de manière non voilée, et d'autant plus purement le comprendre pénètre dans la possibilité *comme possibilité de l'impossibilité de l'existence en général*. La mort en tant que possibilité ne donne au *Dasein* rien à "réaliser", et rien non plus qu'il pourrait *être* lui-même en tant qu'effectif. Elle est la possibilité de l'impossibilité de tout comportement par rapport à ..., de tout exister. *Dans le devancement dans cette possibilité, celle-ci devient "toujours plus grande", c'est-à-dire qu'elle se dévoile comme une possibilité qui ne connaît absolument aucune mesure, aucun plus ou moins, mais signifie la possibilité de l'impossibilité sans mesure de l'existence* »[2]. Plus j'assume ma responsabilité d'autrui, et d'autant plus elle accroît. Voilà pourquoi la justice fonde la liberté : le rapport à *ma* possibilité la plus extrême est fondé dans ma responsabilité à l'égard d'*autrui*.

1. TI, p. 274 (c'est Levinas qui souligne).
2. *Sein und Zeit*, *op. cit.*, § 53, p. 262 (nous soulignons la dernière phrase).

Le moi qui apparaissait d'abord comme inévitablement « égoïste », comme un être de « jouissance », dévoile ainsi son autre composante essentielle dans cette « position apologétique »[1]. Levinas l'exprime en de très beaux termes: « La possibilité d'un point de l'univers où un tel débordement de la responsabilité se produit, définit, peut-être en fin de compte le moi »[2]. Être moi, c'est « ne pas pouvoir se dérober »[3] à la responsabilité infinie. Ainsi, le sens ultime de la subjectivité consiste à aller *au-delà* de la loi universelle de la raison impersonnelle : « derrière la ligne droite de la loi, la terre de la bonté[4] s'étend infinie et inexplorée, nécessitant toutes les ressources d'une présence singulière. Je suis donc nécessaire à la justice comme responsable au-delà de toute limite fixée par une loi objective. Le moi est un privilège ou une élection. La seule possibilité dans l'être de traverser la ligne droite de la loi, c'est-à-dire de trouver une place au-delà de l'universel – c'est être moi »[5]. L'idée d'une bonté au-delà de la loi morale, au-delà du devoir, constitue l'apport fondamental de Levinas à l'éthique. « L'accomplissement du moi comme moi et la moralité – constituant un seul et même processus dans l'être : la moralité ne naît pas dans l'égalité, mais dans le fait que, vers un point de l'univers, convergent les exigences infinies, celui de servir le pauvre, l'étranger, la veuve et l'orphelin. Ainsi seulement, par la moralité, dans l'univers, se produisent Moi et les Autres »[6].

1. « L'appel à la responsabilité infinie confirme la subjectivité dans sa position apologétique », TI, p. 274 *sq.*

2. TI, p. 274.

3. TI, p. 275.

4. Voici comment Levinas définit la bonté : « La bonté consiste à se poser dans l'être de telle façon que Autrui y compte plus que moi-même », TI, p. 277.

5. TI, p. 274.

6. TI, p. 275.

L'« au-delà du visage » n'a pas seulement des répercussions sur le statut de la subjectivité, mais aussi sur le rapport à autrui. Cela apparaît dans les catégories de l'« amour » et de l'« érotisme » (dans tous leurs aspects) qui s'avèreront *conditionner* le rapport au visage (et l'apologie) et auxquelles Levinas consacre l'une des plus belles analyses de *Totalité et infini*.

CHAPITRE X

EROS

Les catégories de l'amour et de l'érotisme[1] posent à nouveau la question de savoir *qui* parle dans *Totalité et infini*. Comme nous l'avons déjà effleuré dans le chapitre sur la « féminité », il serait réducteur que de voir dans ce livre un texte écrit par un *homme*, faisant état du rapport à la *femme*, à *autrui*, etc. (Nous y reviendrons encore une fois à la fin de ce chapitre.) Ces catégories incombent autant à l'homme qu'à la femme, aussi convient-il mieux d'user à leur place des catégories de la « volupté » et de la « non signifiance » dont il a déjà été question plus haut et auxquelles nous reviendrons ici.

* * *

Le *Banquet*, indubitablement l'un des plus beaux textes sur l'amour dans l'histoire de la philosophie occidentale (antique et moderne), inscrit – nous l'avons déjà rappelé dans notre Avant-propos – la question du rapport entre l'unité et la dualité, l'harmonie et le désir, *Eros* et la connaissance, dans un parcours *ascendant* qui cherche à donner lieu à la vue

1. L'érotisme ne se réduit évidemment pas, chez Levinas, à une activité (ou attitude) exclusivement *sexuelle*, mais il désigne – dans le sillage de Platon – l'élan « amoureux » (et certes aussi sensuel) vers l'autre. Aussi contesterait-il que les productions intellectuelles ne relèveraient que d'une « sublimation » de la *libido*. L'éros est en deçà du corps et de l'esprit, en deçà de la distinction sexualité/intellectualité (qu'il rend d'abord possible).

(mystique) du Beau en soi dont on ne peut rendre raison (d'où l'insistance, notamment, sur l'« opinion juste » comme « *moyen terme* » entre la « science » et l'« ignorance »). *Totalité et infini* fait référence, à plusieurs reprises, à ce texte que Levinas a lui-même tenu en très grande estime. Et on reconnaît d'emblée différents motifs qu'il reprend à ce dialogue. L'un des plus importants est celui de l'*ambiguïté*, caractéristique essentiel, nous l'avons vu, de la « féminité ». Platon lui-même ne cessa de jouer là-dessus – que ce soit sur le plan du « contenu » ou sur celui de la « forme », de la « mise en scène ». Levinas lui découvre encore de nouveaux aspects. Mais, tout d'abord, comment la doctrine de l'amour s'inscrit-elle dans l'architectonique de *Totalité et infini*?

Nous avons vu que l'apologie du Moi amorçait un « au-delà du visage » et ce, en termes de « responsabilité » et de « bonté » se substituant à l'être-pour-la-mort heideggerien: « La bonté comporte [...] la possibilité pour le moi exposé à l'aliénation de ses pouvoirs par la mort, de ne pas être pour la mort »[1]. Nous avons pu déterminer par là la dimension éthique du transcendantalisme lévinassien s'exprimant à travers la notion de « *jugement* ». Or, la vérité de ce dernier, qui est « *indispensable à* LA *vérité* » (cf. *supra*), renvoie « à une réalité au-delà de l'arrêt de l'histoire qui est aussi un arrêt et une fin. *La vérité demande donc comme une ultime condition, un temps infini conditionnant et la bonté et la transcendance du visage* »[2]. Nous verrons plus loin (dans le chapitre suivant) quel est le statut de ce « temps infini ». Pour le moment, il importe de souligner que le rapport au visage ainsi que l'apologie sont *à leur tour conditionnés*. Et cette condition n'est autre que l'*amour*.

1. TI, p. 277.
2. TI, p. 277 (nous soulignons).

Ce passage du visage à son au-delà pourrait s'apparenter à un « coup de force hégélien ». Mais la raison de passer du moi apologétique à l'amour est la même que celle justifiant le passage de la jouissance à la possession : c'est que, de part et d'autre, joue une dimension de la *féminité* ouvrant la perspective du moi à celle d'autrui. Voyons maintenant quelle est concrètement la doctrine lévinassienne de l'amour.

* * *

En un sens, l'expérience amoureuse est l'expérience *par excellence* de l'*écart*. L'amour est *ambiguïté* parce qu'*il met en jeu*, à différents registres, *l'« en deçà » et l'« au-delà »*. Cela ne veut pas dire que l'aimé(e) soit toujours ou bien en deçà ou bien au-delà de l'amoureux ou de l'amoureuse, mais que l'amour met toujours en jeu ces deux dimensions à la fois.

L'en deçà, d'abord. L'amour ne porte pas – n'est pas transport – que sur l'être aimé. On ne choisit pas exactement *cette* amoureuse-ci, ou *cet* amoureux-ci. Le choix amoureux[1] implique toujours un choix *préalable*. Rien n'atteste de façon plus obvie d'un *a priori* dans la vie que l'amour. Peu importe que ce choix *a priori* s'interprète comme tentative de retrouver l'unité originaire avec sa moitié perdue, comme recherche de l'âme sœur, comme déterminé par telle ou telle configuration œdipienne – « l'amour qui, transcendance, va vers Autrui, nous rejette en deçà de l'immanence même »[2]. Or, corrélativement – non pas, cette fois, sur le plan de l'« objet » mais sur celui du « sujet » –, ce rejet est un rejet en deçà même du *besoin* – vers

1. Nous emploierons l'adjectif « amoureux » partout en tant que « relatif à l'"*amour*" ». C'est ce dernier que Levinas cherche à cerner, non pas l'« état amoureux » qui se dissipe souvent aussi rapidement qu'il s'est manifesté d'abord violemment.

2. TI, p. 284.

« les profondeurs de l'inavouable », dévoilant la dimension la plus intime (et la plus singulière) de la subjectivité.

L'au-delà, ensuite. Le choix amoureux ne porte pas précisément sur *telle ou telle* amoureuse (ou *tel ou tel* amoureux) en un *autre* sens également. L'amour transcende l'aimé(e), tout comme il *me* transcende. Il renvoie à un « caché » qui ne l'est pas par accident, mais de façon essentielle, se soustrayant à tout dévoilement possible. « Voilà pourquoi à travers le visage filtre l'obscure lumière venant d'au-delà du visage, de ce qui *n'est pas encore*, d'un futur jamais assez futur, plus lointain que le possible »[1]. L'amour est au-delà du visage parce qu'il m'ouvre à ce qui est plus originaire que tout possible. « La possibilité pour Autrui, de se placer, à la fois, en deçà et au-delà de tout discours, cette position à l'égard de l'interlocuteur qui, à la fois, l'atteint et le dépasse, cette simultanéité du besoin et du désir, de la concupiscence et de la transcendance, tangence de l'avouable et de l'inavouable, constitue l'originalité de l'érotique qui, dans ce sens, est *l'équivoque* par excellence »[2].

* * *

Cette équivoque ou cette ambiguïté dont relève aussi, corrélativement, nous l'avons vu, le féminin, est fondée dans ce que Levinas appelle la « profanation ». Celle-ci est caractérisée par la simultanéité du désocculté et de l'occulté, du découvert et du caché. Nous touchons par là au sens profond de l'érotisme. Expérimenté « corporellement » dans la caresse (cf. *supra*) – mais, il faut insister là-dessus, par le *caressant* et non pas par le *caressé* ! –, il a cette double signification à la fois d'ouvrir à l'au-delà de l'étant, au « *no man's land* entre l'être et

1. TI, p. 285.
2. TI, p. 285 *sq*.

le ne-pas-encore-être », et de faire perdre au sujet sa position de sujet. Cette simultanéité signifie que, dans le rapport érotique, le caché ne perd pas son caractère mystérieux ou secret. Et le moi n'y projette rien, ne s'y projette pas, il va au devant d'un futur qu'aucune protention ne saurait « pro-tenir ». Le moi y implose, se démunit de tout rapport intentionnel possible. Autrement dit, l'expérience érotique est la seule expérience qui soit expérience *pure*, *seulement* expérience. « L'amour [...] ne saisit rien, n'aboutit pas à un concept, n'*aboutit* pas, n'a ni la structure sujet-objet, ni la structure moi-toi. L'éros ne s'accomplit pas comme un sujet qui fixe un objet, ni comme une pro-jection, vers un possible. Son mouvement consiste à aller au-delà du possible »[1]. Ne se laissant pas fixer dans un concept, tendant à l'infini (sans jamais pouvoir l'atteindre), au-delà de toute conscience intentionnelle et du *Dasein*, l'*Éros* (c'est-à-dire le moi désubjectivé dans son rapport à ce qui est au-delà de l'étant) n'est pas, à l'instar du « démon » socratique, le messager entre l'humain et le divin, mais le tenant-lieu de l'au-delà de l'étant (entre la signifiance et la non signifiance).

* * *

Le rapport *amoureux*, rapport « foncièrement réfractaire à l'universalisation », se distingue d'ailleurs qualitativement de tout rapport *social*. Si nous avons déjà fait référence à ce point dans le chapitre sur la « féminité » (en soulignant en particulier que le rapport au féminin constitue un rapport intermédiaire entre le moi et autrui en tant qu'« interlocuteur »), il convient cependant de décrire de manière plus détaillée ce rapport entre amoureux parce qu'il nous permet de mieux comprendre le

1. TI, p. 292.

statut du « pas encore » caractérisant spécifiquement la catégorie de l'érotisme selon Levinas.

L'amant ne veut pas et ne peut pas être séparé de son amoureuse. Il faut que, dans la mesure du possible, il en partage la table et le lit. Dans le rapport amoureux, le tiers est exclu[1]. Au prix, certes, d'une « solitude à deux » s'acquiert et se « vit » un rapport sensible tout à fait extra-ordinaire : « *l'action commune du sentant et du senti* que la volupté accomplit »[2].

> La non-socialité de la volupté – est positivement la communauté du sentant et du senti : l'autre n'est pas un senti seulement, mais dans le senti s'affirme le sentant, comme si un même sentiment était substantiellement commun à moi et à l'autre [...][3].

Comment faut-il comprendre ce rapport tout à fait spécifique ? Dans l'amour – qui n'est pas, nous insistons, un rapport *fusionnel* – le sujet est destitué en tant que sujet parce qu'il n'y va plus d'une singularité individuelle se rapportant à une autre singularité individuelle. Sur le plan intimement « sensible » (ou « pathétique »), notamment (mais pas exclusivement) dans le rapport érotique, le moi *sent* le plaisir de l'autre (dans d'autres circonstances, il peut en sentir la douleur, la souffrance, etc.). Sur le plan émotionnel, affectif, le soi est l'autre soi, rapport qui ne se réduit pas simplement à un être-*avec* l'autre ou à un être-là l'un *pour* l'autre. « La volupté ne vise donc pas autrui, mais sa volupté, elle est volupté de la

1. Donc si Levinas attribue au *féminin* un certain côté « réfractaire à la société », cela indique une fois de plus qu'il s'agit là d'une *catégorie* et non pas réellement des *personnes* de sexe féminin – car ce désir de vouloir partager son temps exclusivement avec ses amours n'appartient de toute évidence pas à la femme seule.

2. TI, p. 297.

3. *Ibid.*

volupté, amour de l'amour de l'autre »[1]. Et, inversement, l'autre est le soi. Cela explique d'ailleurs pourquoi le regard de l'aimé(e) sur soi peut à ce point motiver et enthousiasmer ou blesser et déprimer (*cf.* par exemple la métaphore, dans le *Banquet*, de l'armée constituée d'amants qui serait imbattable). Sur le plan existentiel, les amoureux se projettent en commun. Un projet « existentiel » ou « vital » est un projet à deux. L'artiste ne produit jamais l'œuvre que pour lui-même.

Phénoménologiquement, se dévoile ainsi une dimension particulière de la conscience qui s'avère structurée de manière authentiquement *intersubjective* : conscience droite – donc pas « réflexive » – qui n'est ni « collective », ni « analogique », ni « fusionnelle », ni « singulière ». On sait que la tentative de mettre en évidence la structure intersubjective de la subjectivité transcendantale a été l'une des questions cruciales de Husserl. Levinas y répond avec son analyse d'*Éros*.

* * *

Quelle est alors la dimension du « pas encore » caractéristique de l'érotisme ? Levinas donne à cette question une réponse inattendue. Avant de nous consacrer à ce point, procédons à une ultime distinction – celle entre l'amour et l'amitié.

Si l'aimé(e) peut être un(e) ami(e) – même le meilleur ou la meilleure – l'amitié diffère pourtant substantiellement du rapport amoureux. R. Musil, dans son chef d'œuvre *L'homme sans qualités*, avait établi cette différence à partir de la manière dont on met *fin* à la relation : alors que, généralement, on met un terme au rapport amoureux de façon brutale et abrupte (ce qui ne signifie pas, bien entendu, que le deuil ne puisse

1. TI, p. 298. Cela ne signifie pas pour autant qu'il s'agirait ici d'un rapport *réflexif* (cf. *supra*).

demander beaucoup de temps), la cassure d'un rapport amical s'effectue de manière beaucoup plus lente, sous jacente, souvent inaperçue. Pour Levinas, en revanche, cette différence concerne leur « corrélatif ». L'amitié va toujours vers une autre personne. Elle est le mode par excellence du partage, du rapport intersubjectif authentique. L'amitié se fait et se vit toujours à deux. L'amour, au contraire,

> cherche ce qui n'a pas la structure de l'étant, mais l'infiniment futur, ce qui est à engendrer. Je n'aime pleinement que si autrui m'aime, non pas, parce qu'il me faut la reconnaissance d'Autrui, mais parce que ma volupté se réjouit de sa volupté et que dans cette conjoncture non pareille de l'identification, dans cette *trans-substantiation*, le Même et l'Autre ne se confondent pas, mais précisément – au-delà de tout projet possible – au-delà de tout pouvoir sensé et intelligent, engendrent l'enfant [1].

S'opère donc, de nouveau, un glissement (dialectique). Alors que le « moins que rien » ne renvoyait jusqu'à présent qu'à un « au-delà du possible » dans lequel se cristallisait le rapport Je-Tu pré-langagier et dans lequel le moi faisait l'expérience de la non signifiance au-delà de tout rapport intentionnel, il est à présent conduit à transformer le rapport de « *trans-substantiation* » supposant une *différence de genre* en rapport d'*engendrement*. Nous comprenons dès lors le statut exact de la dimension intersubjective dans le rapport érotique qui, nous insistons, n'est ni un rapport de fusion, ni un rapport de communion. *Le rapport érotique*, s'établissant entre le moi et l'autre, donc mettant en jeu l'altérité, *ouvre sur une dernière dimension de l'altérité, une altérité « tierce »* – à l'enfant. Nous approfondirons cette dimension dans le prochain chapitre, traitant de la catégorie de la « *fécondité* ».

* * *

1. TI, p. 298.

Les élaborations de Levinas sur la féminité et l'érotisme ont fait couler beaucoup d'encre, non seulement en France, mais aussi dans la réception américaine de son œuvre. On lui reproche de réduire le féminin au négatif du masculin, de ne pas le considérer *pour soi*, de l'instrumentaliser en vue de sa propre jouissance et, dans la mesure où le féminin esquisserait à l'homme (du moins indirectement) un au-delà du possible, de lui fournir l'horizon pour ses propres projets existentiaux (qui ne regarderaient que lui). On pourrait peut-être dire, en effet, que les analyses de Levinas souffrent d'un certain manque d'auto-réflexion *qui aurait pu (et dû) s'inspirer, très précisément, du point de vue de l'autre* ! Mais si le point de vue de Levinas est bel et bien – et inévitablement – celui d'un *homme*, cela n'oblige pas moins son lectorat féminin *de prendre au sérieux ce qu'il dit lui-même sur l'altérité*. Autrement dit, ce que Levinas tente d'approcher en parlant du féminin doit en effet servir d'échelle à l'aune de laquelle se mesure sa *propre* altérité vis-à-vis du point de vue d'une femme. À partir de là s'impose alors une lecture plus bienveillante de Levinas.

Plus bienveillante que celle par exemple de L. Irigaray dans ses « Questions à Emmanuel Levinas »[1]. Elle a sans aucun doute raison de stigmatiser le rabaissement de la femme en « Aimée » (expression dont la forme grammaticale dénote déjà son statut purement passif) et de faire valoir son rôle actif en tant qu'« amante ». Mais, dans la jouissance sexuelle – aussi près qu'elle nous conduit à l'« extase instante », à l'« en-stase », « en moi » et « avec l'autre » –, sommes-nous véritablement transposés dans un état d'« effusion à deux », d'« effacement des bords de l'un et de l'autre » ? Sommes-nous portés « du cercle de ma solitude à un espace commun, une

1. Article paru dans la revue *Critique*, novembre 1990, p. 911-920.

respiration commune »[1]? Nous pensons que l'enseignement fondamental de la doctrine husserlienne de l'intersubjectivité – dont Levinas est évidemment tributaire – est ici sans appel. Comme nous l'avons vu, Levinas ne conteste pas du tout que, dans le rapport érotique, il y aurait une dimension intersubjective poussée très loin, allant même jusqu'à un rapport de « trans-substantiation ». *Mais celle-ci ne relève jamais que d'un mode « conscientiel » de rapport au monde, donc d'un type d'INTENTIONNALITÉ* (aussi éloigné soit-il du rapport intentionnel objectivant), *et non pas d'un « vécu » commun.* Rien ne saurait me faire sortir de mon corps – même pas la plus torride extase orgasmique. Et, de toute manière, L. Irigaray passe à côté des apports déterminants de l'analyse lévinassienne de la caresse. Si la caresse ouvre à un au-delà, transcendant tout étant, où le moi caressant (perdant son statut de sujet) cherche (sans jamais le « trouver ») le « moins que rien », ce n'est pas pour retomber, tout en la corrigeant, dans une perspective heideggerienne de projection de ses propres possibles, mais précisément pour faire état de cette plongée dans la non signifiance où le sujet n'est plus sujet et l'objet n'est plus objet.

* * *

Concernant le débat initié par Derrida sur lequel nous revenons ici une dernière fois – sur la question de savoir si et pourquoi *Totalité et infini* ne pourrait être écrit que par un *homme* (ou pas) –, il y a enfin d'autres arguments qui permettent de justifier le point de vue de Levinas. Selon ce dernier, il y a une différence entre, d'une part, le fait d'incarner nécessairement – de par son être sexué – un point de vue (établissant précisément une asymétrie entre la « masculinité » et la « féminité » et se matérialisant dans le discours de l'auteur

1. L. Irigaray, « Questions à Emmanuel Levinas », art. cit., p. 913.

de *Totalité et infini*), et, d'autre part, la possibilité, dans la mesure où le discours philosophique permet également de *s'extraire* (grâce aux « catégories ») à cette condition, de descendre en deçà de cette configuration; autrement dit, il y a, en dehors de l'« *irréversibilité* » du moi (*cf.* le chapitre II) qui est nécessairement un moi « masculin » ou « féminin », une *autre* « asymétrie » entre ces mêmes catégories qui ne se réduit justement pas à la simple « différence sexuelle ». Dès lors, une autre question se pose que Levinas n'a certes pas abordée en ces termes, mais qui ne découle pas moins du cadre conceptuel qu'il a lui-même mis en place – relative non pas à la différence entre la *masculinité* et la *féminité* mais à celle entre l'*homosexualité* et de l'*hétérosexualité*. Est-ce à dire que l'on puisse reformuler la question de Derrida ainsi : « Cette impossibilité principielle pour un livre d'avoir été écrit par une personne *homosexuelle* n'est-elle pas unique dans l'histoire de l'écriture métaphysique ? ». Même s'il est vrai que Levinas n'approfondit pas cet aspect, rien n'indique qu'il faille répondre à cette question par l'affirmative. On peut toutefois se demander ce qu'il en est de l'homosexualité dans la conception lévinassienne du rapport érotique[1]. – Question d'autant plus légitime qu'elle n'était évidemment nullement absente du *Banquet* (où les considérations sur l'homosexualité apparaissent dès lors sous un nouveau jour) et que des débats cruciaux qui concernent les homosexuels (par exemple ceux relatifs à l'adoption d'enfants[2]) trouvent, avec les développements sur la demeure,

1. L. Irigaray, elle non plus, ne justifie d'ailleurs pas pourquoi « [l]a volupté entre mêmes sexes n'aboutit pas à cette extase instante entre l'autre et moi », « Questions à Emmanuel Levinas », art. cit., p. 913.

2. Il nous semble encore une fois que la distinction entre la « catégorie » et le « genre » est fort utile dans ce débat. Si la « masculinité » et la « féminité » ne se distribuent pas selon le sexe biologique, rien n'empêche d'envisager que les paramètres obligatoirement requis pour une éducation équilibrée de l'enfant

l'accueil, le respect de l'altérité, la responsabilité, etc., des éléments de réponse fort stimulants et instructifs dans *Totalité et infini* (dont la force éthique s'illustre donc aussi par le fait de soulever des problèmes éthiques *concrets*). – Cette question, à laquelle nous ne pouvons répondre ici puisque cela nécessiterait des élaborations qui donneraient lieu à un autre ouvrage, se rapporte alors à une différence sur le plan du rapport au Même et à l'Autre qui, encore une fois, se situe *en dehors de la différence sexuelle*. Et ce que Levinas donne ainsi à penser, au-delà de la tentative *explicite* d'aborder la différence – sur le plan de la vie autant que de la pensée – entre le « féminin » et le « masculin », c'est cette asymétrie (qui apparaît ici de façon seulement *implicite*) entre deux manières distinctes de vivre l'érotisme dans le rapport à autrui – que ne recouvrent donc pas les érotismes (incarnés et hétérosexuels) respectifs des « hommes » et des « femmes », mais qui touchent effectivement à des façons différentes d'investir le Même et l'Autre.

(par exemple ce que Levinas dit à propos de l'« accueil ») puissent être garantis également par des couples homosexuels (encore faut-il savoir identifier ces paramètres !). Ce qui ne répond évidemment pas encore à cette autre difficulté, classique (mais se posant également chez les couples hétérosexuels), de savoir comment s'assurer que ces conditions soient effectivement satisfaites.

CHAPITRE XI

LA FÉCONDITÉ

La fécondité – « catégorie » ultime qui dépasse, nous le verrons, toute catégorie – joue un rôle similaire dans *Le temps et l'autre* et dans *Totalité et infini*. *Elle exprime à chaque fois un mode d'affirmation du Moi qui n'est ni guerrier, ni égoïste, ni ne relève du pouvoir*. Mais alors que, dans l'ouvrage de 1948, elle est censée rendre possible le rapport à l'« *autre* », au-delà de la mort, selon une perspective – *négative* – s'opposant au devancement de la mort heideggerien qui ouvre aux possibilités existentielles du seul *Dasein*, elle remplit dans *Totalité et infini* la fonction *positive* d'une réconciliation entre la subjectivité et l'altérité. Ce n'est que dans cet ouvrage que s'éclaircit en effet l'« au-delà du possible » que Levinas avait déjà entrevu plus tôt mais qu'il n'avait pas encore réussi à décrire de façon concrète. Aussi est-ce la *fécondité* qui parachève la phénoménologie lévinassienne de la subjectivité.

* * *

Dans *Le temps et l'autre*, la fécondité constitue le point d'aboutissement de tout le parcours « dialectique » de l'ouvrage. Levinas l'aborde selon son sens « ontologique », « éthique » et proprement « phénoménologique ».

La relation avec l'enfant est une relation qui est indiquée moyennant les catégories de l'*être*. Je *suis* mon enfant, je ne l'*ai* pas, ni ne l'ai *fait*. Il se tient dans l'ambiguïté entre moi et un étranger. La particularité de cet être consiste en ceci qu'il a « une signification différente de la signification éléatique et platonicienne »[1]. Cet être n'est pas clos, ni identique à soi, il n'est pas (l')*un*, mais « multiple », « pluriel » – et nous y reviendrons.

De cette « pluralité » et de cette « transcendance » découle en particulier le fait qu'il s'agisse là d'un *autre*, d'une *personne*. Grâce à la fécondité, je ne suis pas que moi-même. Or, l'ambiguïté mentionnée à l'instant a une conséquence éthique importante : elle met en question l'asymétrie hiérarchique entre autrui et moi. Dans la mesure où cet autre est aussi en quelque sorte moi-même, j'ai des droits sur l'enfant que je n'aurais sur aucun adulte (dire « non », poser des limites, donner des ordres, etc.). Ici se trouvent les fondements d'une réflexion philosophique sur la pédagogie et l'éducation.

Enfin, en procédant à une critique de la conception husserlienne de la constitution d'autrui, la fécondité fournit aussi une indication précieuse sur le rapport entre l'être et la phénoménalité. Levinas critique l'idée qu'autrui serait donné par « empathie » et qu'il se constituerait dans une intentionnalité spécifique (nommée « appariement »). Rappelons d'abord brièvement[2] les éléments les plus importants de la doctrine husserlienne de l'expérience d'autrui.

L'analyse d'autrui *en tant qu'autrui* exige de clarifier la manière dont il *apparaît* à la conscience constituante. Or, il ne saurait jamais se donner tel qu'il se donne à lui-même, sinon moi et autrui risqueraient de se confondre. Pour bien mettre en valeur cet état de choses, Husserl introduit un nouveau concept : celui d'« *alter ego* ». Ce concept est censé mettre en

1. TA, p. 86.

2. Pour plus de détails sur la constitution de l'expérience d'autrui selon Husserl, *cf.* le dernier chapitre de notre ouvrage *Husserl et les fondements de la phénoménologie constructive*, *op. cit.*

valeur la « chose même » caractérisant en propre l'expérience phénoménologique d'autrui. En effet, autrui n'est pas *directement* accessible – ce qui se traduit par une « *médiateté* [*Mittelbarkeit*] » dans l'intentionnalité constitutive de l'intersubjectivité. Cette médiateté exprime un certain « *enchevêtrement* » entre deux intentionnalités : dans la conscience d'autrui, intervient à la fois une donation de soi (de l'*ego*) et une apprésentation d'un *autre ego*. Cet enchevêtrement est celui d'une transposition aperceptive qui n'est pas un *raisonnement* analogique mais une *appréhension* analogisante. Ce qui caractérise spécifiquement l'aperception d'autrui, c'est que l'« original » – c'est-à-dire l'*ego* (plus exactement : le mode d'apparition de son « corps vivant [*Leib*] », cf. *infra*) – reste constamment présent (contrairement à l'aperception de n'importe quel *objet*). Ainsi, l'*ego* et l'*alter ego* sont nécessairement donnés dans un « appariement [*Paarung*] » originaire, en tant que condition (transcendantale) de l'appréhension analogisante.

Or, cet appariement désigne la forme primitive de l'« association » entre deux (ou plusieurs) *data* – l'une des « *synthèses passives* » étudiées par la phénoménologie génétique – en vertu de laquelle se constitue un « couple » (ou une « pluralité ») de *data* qui sont certes différents, mais qui sont reconnus, passivement, comme « semblables ». Dans le cas de l'expérience d'autrui, ces *data* semblables sont donc ceux de l'apparition du corps vivant d'autrui ainsi que de celui de l'*ego*. L'appariement est alors caractérisé par un « empiètement intentionnel » du sens de l'un sur l'autre, et *vice versa*, sachant que le sens de l'un peut « éveiller » ce même sens chez l'autre et que cela implique une « transposition de sens » (qui n'est ni une simple analogie, ni une projection) à même ce qui est ainsi apparié.

Pour être tout à fait exact, il y a *deux* sortes d'associations : les associations immédiates et les associations médiates. Contrairement aux associations immédiates qui constituent un lien direct entre un terme donné et un autre qui peut être donné ou non, *le lien n'est pas direct* dans le cas des associations médiates – et c'est vrai, en particulier, pour les associations constitutives du mode d'« autrui ». Comment obtient-on alors le second terme de cette association ? Nous sommes ici dans le même cas de figure que celui, par exemple, de la sphère ultimement constitutive de la temporalité immanente (où, pour rendre compte de la constitution des éléments relevant de la sphère *immanente*, on est amené à procéder à une *construction phénoménologique* en descendant dans la sphère *pré-immanente* de la conscience). Grâce aux descriptions phénoménologiques, nous disposons des éléments permettant de rendre compte du phénomène. Le maillon manquant, nécessitant une pareille construction phénoménologique, est celui du *mode d'apparition* d'autrui comme *autre* sujet (qui ne se réduit pas, bien sûr, à un pur « corps [*Körper*] »). Ici, il y a mon corps vivant. Là-bas, apparaît un corps qui fait partie de ma sphère primordiale, mais qui, bien entendu, n'est pas encore « autrui » au sens propre du terme (mais un simple « corps », justement). Or, cette apparition « éveille » (expression qu'il ne faut surtout pas entendre dans un sens psychologique), de façon reproductive, et donc *à partir de l'ego*, un mode d'apparition « semblable » à mon corps vivant, qui renvoie à mon corps vivant « comme si j'étais là-bas » – éveil que je ne vis pourtant pas dans une expérience concrète (parce qu'il ne concerne pas *seulement* le Moi – sinon on resterait prisonnier de la sphère de l'*ego* –, ni *seulement* l'autre Moi – sinon on en perdrait la *Leiblichkeit*) et qui ne devient phénoménologiquement compréhensible, et pour cause, que sur le seul plan (où intervient donc la construction phénoménologique) des *modes*

– *possibles* – d'apparition ! L'appariement n'a pas simplement lieu entre « moi » et le corps aperçu là-bas, mais *entre mon mode d'aperception et celui que cette apparition du corps là-bas éveille* (c'est-à-dire entre *deux* modifications) – donc à un niveau constitutif *inférieur* ! Je « vis » certes la présence d'autrui, mais le sens de ce « vécu » ne devient effectivement compréhensible qu'à travers la mise en œuvre d'une telle construction phénoménologique.

Or, pour Levinas, la fécondité permet de voir que l'expérience d'autrui ne relève ni d'une « construction », ni d'une « empathie » ou d'une « sympathie » – et cela ne concerne pas seulement le rapport du père au fils, mais *tout* rapport à autrui (dans *Le temps et l'autre* la fécondité est encore une catégorie, ce qui ne sera plus le cas dans *Totalité et infini*). La raison en est que Levinas veut éviter de faire de tout phénomène, en général, et d'autrui, en particulier, une simple *apparence* (un point que nous avons déjà rencontré à plusieurs reprises antérieurement). Il s'agit d'en établir l'*être* et ce, précisément, à partir de mon *propre* être : « C'est par mon être que je suis mon fils et non pas par la sympathie »[1]. C'est donc grâce à la catégorie de la fécondité que le Moi peut définitivement sortir du mouvement d'identification de soi (et *du* soi), qu'il peut réaliser la liberté et accomplir le temps.

* * *

La fécondité clôt aussi, nous l'avons dit, le mouvement « transascendant » de *Totalité et infini*, c'est en elle que culminent toutes les élaborations de cet ouvrage. Ici, le moi et l'autre, la subjectivité et l'altérité, se retrouvent dans leur ultime point de réconciliation. « Réconciliation » qui indique un *nouveau* type d'identification, laquelle, sans retomber dans

1. TA, p. 86.

une structure dialectique du type « identité de l'identité et de la différence », est en même temps *distinction* dans l'identification. C'est cette structure, irréductible, certes, à aucune relation relevant de la logique formelle, qu'il s'agit à présent de comprendre.

Dans la figure de la fécondité, l'acception lévinassienne du transcendantal apparaît pour une dernière fois. Il s'agit ici d'une figure du transcendantal « *au-delà de l'éthique* » – si l'on reprend la définition lévinassienne de l'éthique comme « mise en question de ma spontanéité par la présence d'Autrui ». Justifions notre propos.

Dans la perspective « masculine » qui est (inéluctablement, nous l'avons vu) celle de Levinas, le rapport illustrant le mieux ce qui se joue dans la fécondité est le rapport père/fils[1]. Chair issue de ma chair, personne ne m'est plus proche que mon fils (que *chaque* fils[2] dans la mesure où chacun est « "fils" unique », « "fils" élu »[3]). « Mon enfant [...] n'est pas seulement à moi, car il *est* moi. [...] Pas seulement mon œuvre, ma créature [...] »[4]. En même temps, *et tout l'effort de Levinas consiste à le souligner avec force*, mon fils est « moi étranger à soi »[5]. Le fait qu'avant sa naissance, il soit impossible d'imaginer comment il sera une fois né (de même que nourrisson, il

1. L. Irigaray rappelle que le rapport mère/fille mériterait cependant au moins autant d'attention que le rapport père/fils, étant donné qu'il fut « antérieurement [le] lieu de transmission de la parole divine », « Questions à Emmanuel Levinas », art. cit., p. 914.

2. S'il ne faut pas lire cette référence au *fils* (et non pas à la *fille*) au premier degré, elle ne doit pas non plus être prise à la légère – le « fils » renvoyant à la « filiation » et, par là, à une certaine conception de la « pérennité » dans la transmission. Cela n'enlève évidemment rien à l'amour du père pour sa fille, ni non plus au rôle fondamental de la *féminité* dans le rapport au monde.

3. TI, p. 311.

4. TI, p. 299.

5. *Ibid.*

est impossible de se le représenter adulte), n'est que *l'une* des différentes traductions empiriques possibles du fait qu'il se soustrait par principe à *toute* forme d'anticipation. C'est que le fils n'est *pas* ses parents, et s'il est le fruit de la rencontre du moi avec Autrui en tant que féminin (en tant qu'altérité *transcendante*), ce n'est là que la condition nécessaire pour qu'advienne très précisément « l'avenir de l'enfant *d'au-delà du possible, d'au-delà des projets* »[1]. Voici en quoi la « fécondité » – qui, à l'opposé de l'*Éros, n'est donc plus une « catégorie », mais se manifeste ici dans son statut « métaphysique »* (*voire « méta-ontologique »*) (cf. *infra*) – représente donc un nouvel aspect du transcendantal lévinassien : le fils est la figure de la subjectivité qui *incarne* le dépassement de moi (père) par moi-même (fils), d'une condition par son conditionné. Pourquoi « père » et « fils » ne sont-ils plus, au terme de ce parcours « transascendant », des « catégories » ? Précisément parce que le fils est la subjectivité en acte, porteur de son rapport à l'altérité qu'il intègre et qui le constitue dans sa différence d'avec soi-même.

Il faut insister sur la dimension intrinsèquement *temporelle* de cette figure de la fécondité. Celle-ci constitue un rapport à l'avenir et au possible qui n'est ni « potentialité », ni « virtualité », ni « pouvoir-être », mais tributaire de la dimension intersubjective, mettant en jeu le moi et l'être-aimé, dont nous avons traité dans le chapitre précédent. « À la fois mien et non-mien, une possibilité de moi-même, mais aussi possibilité de l'Autre, de l'Aimée – mon avenir ne rentre pas dans l'essence logique du possible »[2]. Ce rapport originel à l'avenir consiste en ceci que, dans la fécondité, se dévoile le rapport au « *temps infini* ». Cela a des conséquences pour le statut du

1. TI, p. 299 *sq.* (nous soulignons).
2. TI, p. 300.

temps autant que pour celui de l'*être* et de la *subjectivité*. Car il apparaît, à l'issue de *Totalité et infini*, que la phénoménologie transcendantale lévinassienne rencontre en dernier lieu l'infini et l'absolu – et ce, par l'intermédiaire d'une notion de subjectivité aussi inédite qu'irréductible[1]. Cet ouvrage défend encore – ce qui ne sera plus le cas dans *Autrement qu'être ou au-delà de l'essence* – une position « ontologique » (qui plus est renvoyant à un « être infini ») : « [l]'être infini, c'est-à-dire l'être toujours recommençant – et qui ne saurait se passer de subjectivité, car il ne saurait sans elle recommencer – se produit sous les espèces de la fécondité »[2]. Voici quels sont les éléments déterminants de cet être : « [l]'être se produit comme multiple et comme scindé en Même et en Autre. C'est sa structure ultime. Il est société et, par là, il est temps. Nous sortons ainsi de la philosophie de l'être parménidien »[3]. La fécondité, nous le voyons, accomplit le mouvement d'arrachement à la totalité, aboutissant à l'infini. Si l'être est infini, c'est parce qu'il s'arrache au Même – et, corrélativement, à la lumière – pour donner lieu à une « multiplicité » ou à ce que Levinas appelle à plusieurs reprises la « pluralité ». La citation suivante indique bien quel en est le sens et signale qu'elle requiert une autre approche que celle de la connaissance :

> Pour qu'une multiplicité puisse se maintenir, il faut que se produise en lui la subjectivité qui ne puisse pas chercher une congruence avec l'être où elle se produit. Il faut que l'être s'exerce en tant que se révélant, c'est-à-dire en tant que, dans son être même, coulant vers un moi qui l'aborde, mais coulant vers lui infiniment, sans se tarir, brûlant sans se consumer. Mais on ne peut concevoir cet abord comme une connaissance où le

1. Le caractère irréductible de la subjectivité est un autre point commun entre la phénoménologie de Levinas et celle de M. Richir.

2. TI, p. 300.

3. TI, p. 301 *sq.*

sujet connaissant se réfléchit et s'absorbe. Ce serait aussitôt détruire cette extériorité de l'être, par une réflexion totale à laquelle la connaissance vise. L'impossibilité de la réflexion totale ne doit pas être posée négativement comme la finitude d'un sujet connaissant qui, mortel et d'ores et déjà engagé dans le monde, n'accède pas à la vérité, mais comme le *surplus* de la relation sociale où la subjectivité demeure en face de …, dans la droiture de cet accueil, et ne se mesure pas par la vérité [1].

L'être infini est ce vers où, « ce en vue de quoi », s'effectue la sortie de soi (non pas vers le *monde*, mais – nous avons fortement insisté là-dessus – vers l'« *altérité radicale* »). Il est société, « champ » où a lieu et se déploie l'« as-sociation » [2]. Approfondissons ce point qui constitue la contribution majeure de Levinas à la métaphysique phénoménologique [3].

Comme nous venons de le rappeler, l'une des idées fondamentales de la phénoménologie lévinassienne consiste dans la mise en évidence d'une sortie extatique de soi vers *autrui*, *en amont* de la sortie extatique de soi, au cœur de *Sein und Zeit*, vers le *monde* (en tant que structure ontologique du *Dasein*). Mais, jusqu'à présent, la nature de ce « champ » ou de ce « domaine » « vers où » (ou « en vue de quoi ») le moi sort de soi n'a pas encore été précisée de façon satisfaisante. C'est que, en réalité, il ne s'agit pas là d'un quelconque « espace », d'un « domaine », d'un « horizon », etc. – mais pourtant bel et bien d'une *extériorité*. *L'extériorité du moi n'est pas, de façon primordiale, spatiale*. C'est précisément la figure de la fécondité qui permet d'y voir plus clair.

1. TI, p. 242 *sq.*

2. L'as-sociation est l'« expérience par excellence de l'être », « accueil d'Autrui », « conscience morale », TI, p. 103.

3. À propos de cette notion d'une « métaphysique phénoménologique », *cf.* notre ouvrage *Hinaus. Studien zur phänomenologischen Metaphysik und Anthropologie*, *op. cit.* (en particulier le premier chapitre de la seconde partie).

La fécondité occupe effectivement une place centrale dans la métaphysique phénoménologique de Levinas (qui demeure une métaphysique de la *subjectivité*). Sa contribution – que l'on pourrait aussi caractériser de « méta-ontologique » puisqu'elle réalise et accomplit cette « nouvelle ontologie » dont Levinas parlait dans l'article « La ruine de la représentation » (*cf.* le chapitre I) – est ici double : d'une part, Levinas fait valoir ce que l'on pourrait appeler une « non altérité trans-individuelle » et, d'autre part, il met en évidence la dimension « plurielle » de l'exister.

La subjectivité de la fécondité n'est plus singulière. Elle défie les lois de la logique en ceci que le sujet « sera autre que lui-même tout en restant *lui-même*, mais non pas à travers un résidu commun à l'ancien et au nouvel avatar »[1]. Le sujet, qui n'est pas clos et identique à soi, sort de lui, tout en étant lui-même (n'annulant pas le transcender) : il est donc en effet une « non altérité trans-individuelle ».

Mais il y a encore une autre contribution à la métaphysique phénoménologique : Levinas dissocie l'*être* de la subjectivité de son *unité*. Pour lui, Heidegger – en conformité, d'ailleurs, nous l'avons déjà dit, avec sa propre lecture de *Sein und Zeit* dans ses cours sur Nietzsche durant les années 1930 – accomplit la métaphysique en identifiant l'être en tant qu'être avec l'être du *Dasein*. Et comme ce dernier, en vertu de sa « mienneté [*Jemeinigkeit*] », est *un*, l'Un et l'Être sont à leur tour *indissociablement liés*. Or, Levinas oppose à cette conception l'idée que *la pluralité, loin de concerner les sujets individuels dans leur rapport les uns avec les autres, entre de manière intégrante dans l'exister même du sujet*. Il n'y a pas de pluralité des sujets en tant qu'ils sont les uns « avec » les autres (*cf.* le « *Mit-sein* » heideggerien qui est une structure onto-

1. TI, p. 305.

logique du *Dasein*, c'est-à-dire de *chaque Dasein singulier*), mais le sujet est lui-même pluriel[1] ! Levinas établit le lien entre le « pluralisme » et la « bonté » dans ces termes édifiants qui nous serviront ici de propos récapitulatif :

> La transcendance ou la bonté se produit comme pluralisme. Le pluralisme de l'être ne se produit pas comme une multiplicité d'une constellation étalée devant un regard possible, car ainsi déjà, elle se totaliserait, se ressouderait en entité. Le pluralisme s'accomplit dans la bonté allant de moi à l'autre où l'autre, comme absolument autre, peut seulement se produire sans qu'une prétendue vue latérale sur ce mouvement ait un quelconque droit d'en saisir une vérité supérieure à celle qui se produit dans la bonté même. On n'entre pas dans cette société pluraliste sans toujours, par la parole (dans laquelle la bonté se produit) rester en dehors ; mais on n'en sort pas pour *se voir* seulement dedans. L'unité de la pluralité c'est la paix et non pas la cohérence d'éléments constituant la pluralité. [...] La paix doit être ma paix, dans une relation qui part d'un moi et va vers l'Autre, dans le désir et la bonté où le moi, à la fois se maintient et existe sans égoïsme. Elle se conçoit à partir d'un moi assuré de la convergence entre la moralité et la réalité, c'est-à-dire d'un temps infini qui, à travers la fécondité, est son temps[2].

On le voit, le pluralisme ouvre sur la *transcendance*. Ce concept sera au centre de notre dernier chapitre. Par son biais, nous pourrons voir quel sens et quel statut accorder à l'« extériorité », concept clef dans le sous-titre de *Totalité et infini*.

1. Déjà dans *Le temps et l'autre*, nous lisons à propos du sens de l'exister dans la fécondité : « Il y a une *multiplicité* et une *transcendance* dans ce verbe exister, une transcendance qui manque même aux analyses existentialistes les plus hardies », TA, p. 86.

2. TI, p. 342.

CHAPITRE XII

LA TRANSCENDANCE

La phénoménologie ouvre la voie à une toute nouvelle acception de la « transcendance » et de l'« extériorité ». Certes faut-il distinguer entre des élaborations (parfois considérablement) *différentes* les unes des autres (notamment chez Husserl, Heidegger, Merleau-Ponty, Levinas, M. Henry et M. Richir), mais il ne fait aucun doute qu'elles sont toutes issues d'une *même* conception initiale. Avant de mettre en lumière l'originalité de la position lévinassienne (dont l'exposition pourra nous servir de conclusion générale au présent ouvrage), il convient de dire un mot sur la problématique précise dont il est ici question.

* * *

Comme Merleau-Ponty l'a déjà souligné d'une manière fort pertinente, l'accès au monde pose un problème fondamental. Non pas, ou non pas « simplement », en raison d'un irréductible écart d'avec soi qui contamine ce qui se présente à nous, ni non plus parce qu'on est en permanence menacé par l'illusion et l'erreur, mais parce que, dans notre rapport au monde, il y a quelque chose qui ne va pas de soi dans ce qui va de soi, ou que, dans ce qui ne va pas de soi, il y a quelque chose qui va de soi. Ce qui ne va pas de soi, c'est la difficulté s'exprimant dans les questions de savoir comment nous pouvons rencontrer et être en rapport avec quelque chose, avec quelque chose d'*autre*, comment il peut y avoir du sens pour nous. Et ce qui va de soi, c'est que tout rapport est déjà rapport « au sein » du monde, « avec » « quelque chose » dont l'« être » ne saurait être (raisonnablement) mis en cause. Autrement dit, l'« être-au-monde » est caractérisé par un *nœud* ou une *imbrication* d'une certitude et d'un doute possible. Quelque chose « *est* », que je n'ai pas fait, qui me précède (dans un sens d'abord non temporel), mais qui est *a priori* totalement *indéterminé* (d'où justement ce caractère non temporel). Or, on pourrait appeler « *transcendance* » – dans une première acception – cet événement, originaire, à tête de Janus, d'un être à la fois irréductible au moi, mais où je « baigne » toujours déjà.

On conviendra aisément que cette première approche n'épuise nullement la richesse et la diversité du concept de transcendance. Au-delà de ce « premier degré » de la transcendance, qui la fait donc apparaître dans son caractère totalement *indéterminé*, il faut reconnaître une deuxième acception, *qui détermine précisément le sens de ce qui apparaît.* Si la première pose effectivement des problèmes redoutables, c'est cette dernière qui constitue l'horizon même de tout l'enjeu ontologique et métaphysique de la phénoménologie. Et c'est ici qu'entre en jeu la méthode phénoménologique husserlienne.

* * *

Cette méthode, on le sait, est caractérisée par l'« *épochè* » et la « réduction » phénoménologiques, sur lesquelles nous revenons ici une dernière fois. Loin d'être un mot vide, loin de se réduire à une attitude purement psychologique, elle constitue, nous l'avons déjà établi au début de l'ouvrage, le mode d'accès au sens d'être du phénomène, en excluant toute position « transcendante » (dans un sens non technique), c'est-à-dire en mettant hors circuit tout présupposé eu égard à l'existence « réelle [*real*] », spatio-temporelle, de l'étant.

Or, si l'*épochè* revient à une mise en suspens de tout sens d'être, et si cela rend possible le changement d'une attitude « naturelle » en une attitude « transcendantale », cela signifie, non seulement pour le corrélat « noématique » de la subjectivité (en tant que « pôle noétique »), mais encore pour *toute la corrélation intentionnelle* (avec ses horizons, ses potentialités, etc.), *l'entrée dans une sphère nouvelle, la sphère transcendantale*. Mais alors, cela implique, plus particulièrement – si cela ne doit pas donner lieu à un « redoublement »[1], incompréhensible, du monde en ce qui se présenterait comme la dualité entre un « monde naturel » et un « monde transcendantal » – que *le sens d'être du monde est lui-même affecté par cette dimension transcendantale* ! Autrement dit, l'outil fondamental de la méthode phénoménologique consiste en la réalisation d'un changement d'attitude à l'égard du monde – qui est et demeure toujours le *même* monde ! –, et Husserl enseigne alors que la phénoménologie est la seule philosophie apte à rendre compte du statut transcendantal du monde, tout en clarifiant en même temps, contre Kant, son sens ontologique.

Mais le sens d'être du monde est-il alors vraiment éclairci de façon satisfaisante ? Si Husserl fait valoir, contre le transcendantalisme kantien, une « expérience transcendantale », si donc la phénoménologie rend compte de la teneur *eidétique* de l'activité constituante et de ses différentes strates, en ne réduisant pas cette activité à de simples « conditions de possibilité » de la connaissance, cela ne signifie pas pour autant que la position de Husserl ne pourrait verser dans un « *réalisme* »

1. Cette critique a été formulée à de nombreuses reprises, par exemple par Deleuze dans la *Logique du sens*, Paris, Minuit, 1969.

autant que dans un « *idéalisme* » – et on sait que Husserl est effectivement associé à des traditions différentes (associations qui dépendent des préférences individuelles des interprètes et commentateurs). Si l'on se place dans la perspective de la « naturalisation de l'intentionnalité », la dimension constitutive est considérée comme inhérente au monde objectif et réel. En revanche, si la phénoménologie est *ipso facto* identifiée à l'idéalisme transcendantal (comme Husserl le fait lui-même, d'ailleurs, dans les *Méditations Cartésiennes*), alors le sens d'être du monde est logiquement interprété en termes idéalistes.

Est-ce à dire que la position de Husserl serait trop flottante et indéterminée pour que l'on puisse en fixer l'orientation fondamentale ? Absolument pas. La puissance de la phénoménologie husserlienne réside en ceci qu'elle porte en elle, de manière essentielle, le potentiel d'une élucidation du sens et du sens d'être des phénomènes et ce, en évitant justement de trancher à l'avance en faveur d'une position métaphysique déterminée. Et les élaborations les plus significatives chez les successeurs de Husserl en témoignent parfaitement puisqu'elles proposent très précisément une conception spécifique au sujet du statut gnoséologique et ontologique des phénomènes et de la phénoménalité.

* * *

Sans entrer dans les détails de ces élaborations, nous en rappellerons tout de même les traits les plus saillants. Ce qui nous semble constituer l'orientation décisive de la phénoménologie (française) contemporaine (depuis environ le troisième tiers du vingtième siècle), c'est ce que nous appelons l'« endogénéisation» du champ phénoménologique[1]. Ce concept désigne la tendance non seulement à explorer et à creuser jusque dans ses derniers recoins le caractère *immanent* de ce champ, mais encore à se rendre à l'évidence que, sur le plan de l'*être* même de l'apparaissant, le sens de tout étant est contaminé par cette « immanentisation » (qui ne revient nullement à une simple « intériorisation », ni à une « introjection ») – et ce, sans que cela trahisse pour autant la clarification (qui caractérise de façon essentielle la phénoménologie) du *rapport à la* TRANSCENDANCE *au sein même du phénomène*[2] ! Pour pouvoir mettre en évidence l'originalité de la compréhension lévinassienne de la transcendance, il est utile de la mettre en contraste avec deux autres conceptions (l'une antérieure, l'autre postérieure à la sienne) – celle de Heidegger et celle de M. Richir.

Dans *De l'origine de l'œuvre d'art*, Heidegger aborde ce statut d'une immanence donnant droit à la transcendance à travers le prisme de l'essence et de l'effectivité (*Wirklichkeit*) de l'*œuvre d'art*. Rappelons d'abord quelles sont, selon Heidegger, les différents aspects qui permettent de la reconnaître en tant que telle.

L'œuvre d'art requiert d'abord un «créateur» qui la «crée» et un spectateur qui l'apprécie et la reconnaît précisément en tant qu'œuvre d'art. Mais le comportement de ce dernier vis-à-vis d'elle ne doit en aucun cas lui faire violence. La reconnaissance de l'œuvre d'art en tant qu'œuvre d'art relève d'un *accueil*, et si le spectateur doit faire preuve d'une certaine «compétence», celle-ci ne consiste pas à l'emprisonner dans un discours, à lui appliquer des critères, etc., mais

1. Nous avons introduit ce concept dans notre ouvrage *Le sens se faisant*, *op. cit.*

2. Voir E. Husserl, *L'idée de la phénoménologie*, Paris, PUF, 1992, troisième leçon.

à la *laisser être* une œuvre d'art. L'œuvre d'art se tient toute seule. C'est dans la dissolution de tout rapport à… qu'elle se laisse reconnaître comme œuvre d'art. Heidegger appelle « *Bewahrung* » l'attitude spécifique du spectateur qui reconnaît l'œuvre d'art dans sa « vérité [*Wahrheit*] ». La « *Bewahrung* » est un « laisser-être-vrai », un « laisser-être-dans-la-vérité ». Cependant, le fait de ne pas voir dans l'œuvre d'art une simple « chose », mais bel et bien une *œuvre*, provoque un changement chez le spectateur : celui-ci est privé de son rapport ordinaire, commun, aux choses, il est « *entrückt* », déplacé, retourné, il change d'attitude. L'œuvre d'art ouvre alors (à) une nouvelle *vérité*. Dans l'œuvre d'art, la vérité apparaît ainsi sous un double rapport. La vérité y est littéralement *mise en œuvre* : à la fois en instituant l'œuvre d'art *comme œuvre d'art* et en ouvrant la vérité du *monde* qu'elle éclaire d'un nouveau jour.

Or, cette « *Bewahrung* » a un sens qui va largement au-delà de l'appréciation de la seule œuvre d'art. Les aspects que nous venons d'évoquer – le rapport au « créateur » (au fondement ou à l'origine de l'*objet*), au *sujet* percevant, au changement d'*attitude* (renvoyant à celui de l'attitude « naturelle » à l'attitude « transcendantale »), à la dissolution du rapport *intentionnel* et à la *vérité* – indiquent qu'il y va d'une nouvelle compréhension du rapport au monde. Heidegger précise, toujours à travers le prisme de l'œuvre d'art : « Le "laisser-être-vrai" de l'œuvre veut dire : un se-tenir dans [*Innestehen*] l'ouverture de l'étant qui a lieu dans l'œuvre »[1]. S'exprime ici une tension entre l'intériorité et l'extériorité (dans l'ouverture) impliquant en même temps un « savoir » (ce qui s'annonçait déjà dans le rapport au vrai) qui ne renvoie certes pas à une *connaissance*, ni à une *représentation*, mais à un rapport du

1. *Holzwege*, Frankfurt am Main, Klostermann, 1980, p. 53.

Dasein à l'être caractérisé par un « "*Sicheinlassen*" extatique ». Que signifie ce terme ? Il indique, d'une part, ce double mouvement intérieur/extérieur (« *ein-* » signifiant « *in-* » et s'opposant au mouvement porté vers l'extérieur qui s'exprime dans l'extaticité) et, d'autre part, un *laisser* être (« *lassen* ») que nous avons déjà rencontré dans le « laisser-être-vrai ». Il faut insister sur l'originalité de la position heideggerienne : il n'a en vue ni une perspective réaliste qui présuppose déjà un monde constitué s'imposant au sujet connaissant, ni une perspective idéaliste cherchant à rendre compte du rapport à l'objet à partir d'un pôle subjectif dont il s'agirait d'abord de sortir, mais il se propose d'établir que « *l'essence de l'existence est l'"in-stance ek-stante"* [*ausstehendes Innestehen*] *dans l'un-en-dehors-de-l'autre* [*Auseinander*] *essentiel de la clairière de l'étant* »[1]. Mais que veut dire exactement cette « *in*-stance *ek*-stante » ? Plus particulièrement, que dit-elle de plus que Husserl (abstraction faite de la critique, bien connue et souvent répétée, de la priorité accordée au théorique et à la conscience intentionnelle), lorsque celui-ci affirme que l'objectif principal de la phénoménologie consiste à rendre compte du rapport à la *transcendance* en s'installant, grâce à l'*épochè*, dans la sphère *immanente* de la conscience transcendantale ?

L'amorce d'une réponse à cette question se trouve dans les derniers travaux de M. Richir. Pour lui, le point de départ de toute analyse phénoménologique est le constat d'un *écart* irréductible de l'expérience vis-à-vis d'elle-même. Ce constat initial a de nombreux effets et répercussions, dont nous ne pourrons traiter en détail ici[2], qui débouchent sur une refonte de la phénoménologie transcendantale. Celle-ci fait état, en particulier, d'une *non* coïncidence fondamentale entre le

1. Heidegger, *Holzwege*, *op. cit.*, p. 54.
2. *Cf.* notre ouvrage *Le sens se faisant*, *op. cit.*

« vivre » (structuré de façon « pré-intentionnelle ») et sa fixation dans la « *doxa* », ou encore entre ce qui relève du « phénoménologique » et ce qui est « institué symboliquement ». Or, cette refonte remet en cause l'idée que tout rapport au monde – qu'il soit « affectif », « compréhensif », « intellectuel », etc. – aurait son origine et sa source dans un « sujet » qui se rapporterait à un monde « extérieur ». Aussi, le point de départ de la phénoménologie « refondue » n'est-il *pas* la subjectivité individuelle, mais les « processus », « opérations », « effectuations » « anonymes » et « *asubjectifs* » du sens se faisant. Ces derniers donnent lieu à un *dualisme* (« interne ») irréductible : celui entre, d'une part, les procédés de *mise en forme*, d'*excitation* et aussi d'*appropriation* du sens et, d'autre part, la dimension profondément *affective*, mise en mouvement par les premiers, de ce même sens. Ce dualisme est redoublé par un second, tout aussi « interne » (et c'est là tout le paradoxe de ce qui apparaît ainsi comme cette « endogénéisation » du champ phénoménologique à laquelle nous avons déjà fait référence plus haut) : celui, cette fois, entre ce premier dualisme et une *transcendance radicale*, « absolue », qu'il faut nécessairement supposer pour que l'affectivité puisse être « schématisée » (c'est-à-dire ordonnée et appropriée). La dimension « interne », « asubjective » ou « présubjective » caractérisant le premier dualisme n'est ni « objective », ni « mondaine » – aussi faut-il en rendre compte autrement qu'à travers un vocabulaire relevant de la « passivité » ou de l'« inconscient ». En d'autres termes, la « refonte » richirienne de la phénoménologie propose un nouveau point de départ (« architectonique ») de la recherche phénoménologique. Ce point de départ ne doit plus être cherché dans les vécus *intentionnels* de la conscience, c'est-à-dire dans les actes *objectivants* pour lesquels la *perception* livrerait l'échelle à l'aune de laquelle se mesurerait tout rapport à l'objet, mais dans les *phantasíai*, c'est-à-dire dans les types de « représentations », propres à la « *phantasía* [*Phan-tasie*] », qui sont *pré-intentionnels* et se situent *en deçà* de toute perception objectivante. Ces *phantasíai* non figurables n'apparaissent que sous forme de « silhouettes » (inchoatives) ou d'« ombres », inaccessibles à une saisie immuable et, du coup, non susceptibles d'être fixées, et sont le plus à même de rendre compte de l'originaire *écart d'avec soi* caractérisant toute expérience et, en particulier, toute expérience *humaine*. Le nouveau point de départ de la phénoménologie richirienne consiste ainsi à explorer la base « *imaginative* » (en langage richirien : celle relevant de la « *phantasía* ») de l'intentionnalité et ce, en deçà, donc, de toute objectivation. Or, cet écart n'est possible – et c'est cela l'essentiel pour notre propos ici – qu'en vertu d'une *transcendance radicale* qui ouvre le sens, rend possible la rencontre du champ phénoménologique et de l'instituant symbolique, et est à l'origine du *soi*. Et M. Richir appelle « transcendance physico-cosmique » la transcendance, ouvrant le référent du langage, au fondement de toute détermination concrète de l'apparaissant.

* * *

Levinas, lui, cherche à rendre compte de la transcendance en termes de « dépendance à l'égard d'une l'extériorité » sans que cette dépendance « absorbe l'être dépendant, *tenu dans des filets invisibles* »[1]. Dans quelle mesure pouvons-nous affirmer que, dans son traitement de la « transcendance », il prend véritablement au sérieux (certes sans s'y référer) l'idée heideggerienne d'une « in-stance ek-stante » ?

Le concept lévinassien de la « transcendance » est marquée par une tension qui traduit de la manière la plus visible l'héri-

1. TI, p. 88 (nous soulignons).

tage platonicien de son projet philosophique (qu'il a d'ailleurs toujours ouvertement reconnu). La transcendance désigne une distance qui « entre dans la *manière d'exister* de l'être extérieur »[1]. Le fait même d'être *autre* constitue le « contenu » de ce dernier. Il n'y a aucune forme d'« union » possible avec le transcendant, du moins, si l'on en reste à un niveau purement gnoséologique. Car « conscience », il y a (d'où cette *tension*), la « transcendance comme telle [étant] "*conscience morale*" »[2]. *Or, dans la mesure où celle-ci met en œuvre une remise en question du soi par autrui et que*, comme nous l'avons vu dans le chapitre précédent, *le pluralisme qui s'y annonce – caractérisant en propre la transcendance – apparaît* DANS *l'existER des existants (la fécondité ne signifiant en effet rien d'autre que «* DANS *l'exister lui-même, il y a une multiplicité et une transcendance »*[3]*), Levinas élabore effectivement ici, sur le plan de l'« éthique comme philosophie première », une figure originale de l'« in-stance ek-stante » et livre par là une variante tout à fait remarquable de l'« endogénéisation » du champ phénoménologique*. S'éclaire alors aussi le statut de l'*extériorité* chez Levinas. « Assumer l'extériorité », nous l'avons vu dans le chapitre III, signifie entrer dans la sphère du *transcendantal* lévinassien (compris comme « *conditionnement mutuel* » du Même et de l'autre)[4]. Plus précisément, l'extériorité désigne le « phénomène premier de la *signification* »[5] (en langage richirien : elle ouvre au sens) dont l'« éclat » n'est autre que celui de la *transcendance* dans le *visage* d'autrui[6]. Ainsi, c'est dans l'extériorité que se rassem-

1. TI, p. 24.
2. TI, p. 293 (nous soulignons).
3. TI, p. 310 (nous soulignons).
4. TI, p. 134.
5. TI, p. 293.
6. TI, p. 10.

blent les concepts fondamentaux de la phénoménologie transcendantale de Levinas – à savoir ceux de la signification, du visage et de la transcendance.

* * *

Il ne reste plus qu'à établir, enfin, le lien entre ce concept de la « transcendance » et celui du « transcendantal ». Si la notion du « transcendantal » n'est pas seulement en rapport direct à la transcendance du *monde*[1], mais à la transcendance *radicale*, alors la *tension* qui caractérise cette dernière doit rejaillir sur ce concept du transcendantal lui-même. Nous avons vu, tout au long de cet essai, selon quelles figures différentes se déclinait l'acception lévinassienne du transcendantal conçu, nous venons de le rappeler, comme « conditionnement mutuel ». Nous avons mis en évidence, en particulier, le statut transcendantal de la *jouissance*, de l'inscription *corporelle* dans le monde, du *langage* dans la « *production du présent* », de la dimension *éthique* dans la recherche de la *légitimation d'un fondement théorique*, de la position *apologétique* du moi et de la *fécondité*. Et à chaque fois, nous étions effectivement en présence d'une « tension » ou d'un « flottement » dus à la difficulté – qui ne se laisse pas totalement *concevoir*, mais seulement *éprouver* dans l'épiphanie du visage – caractérisant le dépassement du penser (conditionnant) par le pensé (conditionné, mais qui, en vertu même de ce dépassement, devient conditionnant à son tour). La solidarité, rigoureusement phénoménologique, de la pensée de la *transcendance* – qui, d'une manière presque paradoxale, ne présente pas moins, nous l'avons vu, une variante de l'« endogénéisation » du champ

1. *Husserliana – Edmund Husserl, Gesammelte Werke,* vol. XXXV, Dordrecht, Kluwer, 2002, p. 267; trad. fr. A. Mazzù, *Conférences de Londres*, Beauvais, *Annales de Phénoménologie*, n° 2, 2003, p. 194.

phénoménologique – et d'une acception originale du *transcendantal* constitue, selon nous, l'héritage majeur du projet lévinassien d'une phénoménologie transcendantale. Si celle-là ne vient certes pas « remplir » l'« écart » qui « met à distance de soi-même le moi », elle le manifeste cependant dans son caractère « é-vident » et irréductible.

BIBLIOGRAPHIE

Ne figureront ici que les livres dont Levinas s'est directement ou indirectement inspiré et certains ouvrages, collectifs et articles (qui nous semblent importants et utiles) de la littérature secondaire.

BERNASCONI R., CRITCHLEY S. (dir.), *Re-Reading Levinas*, Bloomington & Indianapolis, Indiana University Press, 1991.

BERNET R, *Conscience et existence. Perspectives phénoménologiques*, Paris, PUF, 2004.

BUBER M., *Je et tu*, trad. fr. G. Bianquis, Paris, Aubier, 1969.

CALIN R., *Levinas et l'exception du soi*, Paris, PUF, 2005.

CHALIER C., *La trace de l'infini. Emmanuel Levinas et la source hébraïque*, Paris, Le Cerf, 2002.

CIARAMELLI F., *Transcendance et éthique. Essai sur Levinas*, Bruxelles, Ousia, 1989.

COHEN-LEVINAS D., CLÉMENT B. (dir.), *Emmanuel Levinas et les territoires de la pensée*, Paris, PUF, 2007.

COURTINE J.-F., « L'ontologie fondamentale d'Emmanuel Levinas », dans D. Cohen-Levinas et B. Clément (dir.), *Emmanuel Levinas et les territoires de la pensée*, Paris, PUF, 2007, p. 99-119.

CRITCHLEY S., *The Ethics of Deconstruction. Derrida and Levinas*, London-Cambridge (Mass.), Blackwell, 1992.

DERRIDA J., *L'écriture et la différence*, Paris, Seuil, 1967.

FERON E., *De l'idée de transcendance à la question du langage. L'itinéraire philosophique d'Emmanuel Levinas*, Grenoble, J. Millon, 1992.

GREISCH J., ROLLAND J. (dir.), *Emmanuel Levinas. L'éthique comme philosophie première*, Paris, Le Cerf, 1993.

GUIBAL F., *Approches d'Emmanuel Levinas. L'inspiration d'une écriture*, Paris, PUF, 2005.

– *Emmanuel Levinas. Le sens de la transcendance, autrement*, Paris, PUF, 2009.

HEGEL G.W.F., *Phänomenologie des Geistes*, Hamburg, Meiner, 1988; *Phénoménologie de l'esprit*, trad. fr. B. Bourgeois, Paris, Vrin, 2006.

HEIDEGGER M., *Sein und Zeit*, Tübingen, Niemeyer, 1963 (10e éd.).

– *Metaphysische Anfangsgründe der Logik im Ausgang von Leibniz*, GA 26, Frankfurt am Main, Klostermann, 1990.

Husserliana – Edmund Husserl, Gesammelte Werke, Den Haag, M. Nijhoff, ensuite à partir de 1988 (c'est-à-dire à partir du volume XXVII) chez Kluwer et, depuis 2005 (c'est-à-dire depuis le vol. XXXVIII), chez Springer.

IRIGARAY L., « Questions à Emmanuel Levinas », *Critique*, novembre 1990, p. 911 920.

Levinas, Cahier de l'Herne, Paris, L'Herne, 1991.

LINGIS A., « Préface à l'édition américaine d'*Autrement qu'être ou au-delà de l'essence* », dans *Levinas*, C. Chalier et M. Abensour (dir.), *Cahier de l'Herne*, 2006, p. 163-184.

MARION J.-L. (dir.), *Positivité et transcendance*, suivi de *Levinas et la phénoménologie*, Paris, PUF, 2000.

– « La substitution et la sollicitude. Comment Levinas reprit Heidegger », dans D. Cohen-Levinas et B. Clément, *Emmanuel Levinas et les territoires de la pensée*, Paris, PUF, 2007, p. 51-72.

MURAKAMI Y., *Lévinas phénoménologue*, Grenoble, J. Millon, 2002.

– *Hyperbole. Pour une psychopathologie lévinassienne*, Amiens, Mémoires des Annales de Phénoménologie, 2008.

PETROSINO S., ROLLAND J., *La vérité nomade. Introduction à Emmanuel Levinas*, Paris, La Découverte, 1984.

PRADELLE D., « Y a-t-il une phénoménologie de la signifiance éthique ? », dans D. Cohen-Levinas et B. Clément, *Emmanuel Levinas et les territoires de la pensée*, Paris, PUF, 2007, p. 73-98.

RICHIR M., « Phénomène et infini », dans *Levinas*, *Cahier de l'Herne*, Paris, L'Herne, 1991, p. 241-261.

RICŒUR P., *Autrement. Lecture d'*Autrement qu'être ou au-delà de l'essence *d'Emmanuel Levinas*, Paris, PUF, 1997.

ROLLAND J., *Parcours de l'autrement. Lecture d'Emmanuel Levinas*, Paris, PUF, 2000.

ROSENZWEIG F., *L'étoile de la rédemption*, trad. fr. A. Derczanski et J.-L. Schlegel, Paris, Seuil, 1982.

SCHNELL A., « Au-delà de Husserl et de Heidegger : une lecture phénoménologique de *Totalité et infini* », dans D. Cohen-Levinas (dir.), *Les temps modernes*, dossier publié à l'occasion des 50 ans de la parution de *Totalité et infini*, Paris, Gallimard, 2011 (à paraître).

SEBBAH F.-D., *Levinas*, Paris, Les Belles Lettres, 2000.

– *L'épreuve de la limite. Derrida, Henry, Levinas et la phénoménologie*, Paris, PUF, 2001.

SIMHON A., *Levinas critique de Hegel*, Bruxelles, Ousia, 2006.

TENGELYI L., *L'histoire d'une vie et sa région sauvage*, Grenoble, J. Millon, 2005.

– *Erfahrung und Ausdruck. Phänomenologie im Umbruch bei Husserl und seinen Nachfolgern*, Dordrecht, Springer, 2007.

WAHL J., *Existence humaine et transcendance*, Neuchâtel, Éditions de la Baconnière, 1944.

WEIL É., *Logique de la philosophie*, Paris, Vrin, 1950.

TABLE ANALYTIQUE DES MATIÈRES

Imprimerie de la Manutention à Mayenne – Novembre 2010 – N° 599724Z
Dépôt légal : Novembre 2010

Imprimé en France